Bones and Bloodlines to Space

Tatiana Echeverri Fernandez

AF618869

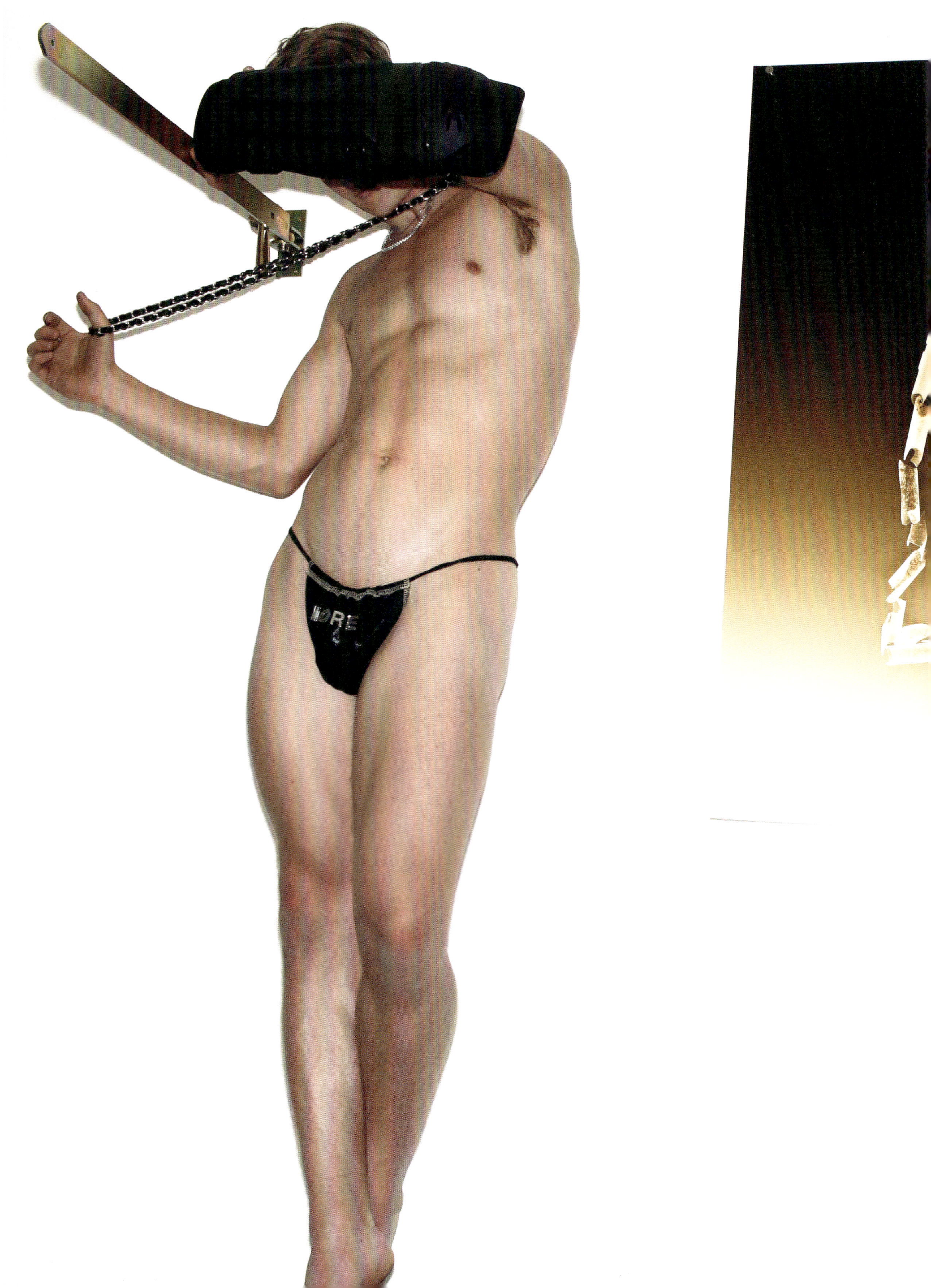

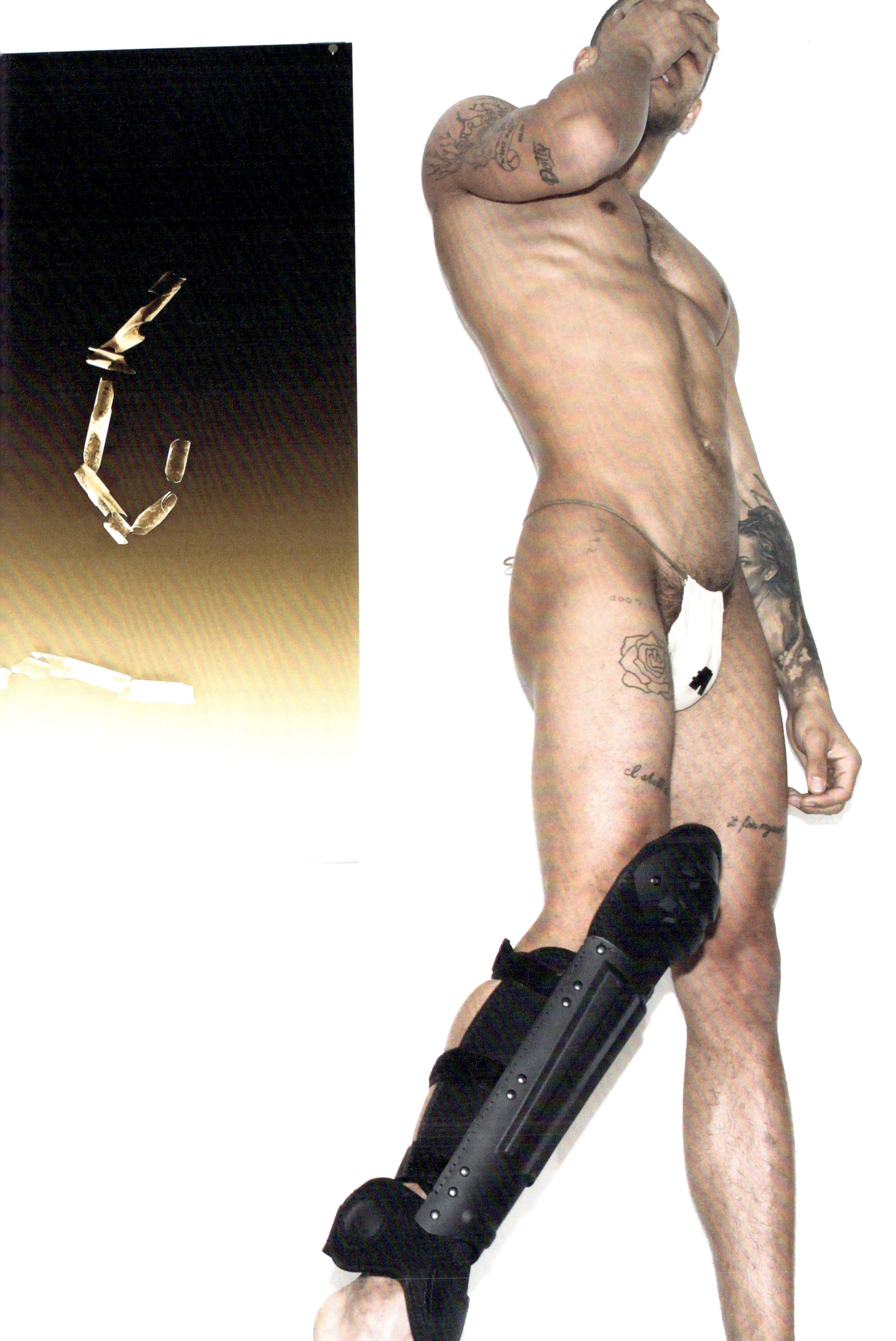

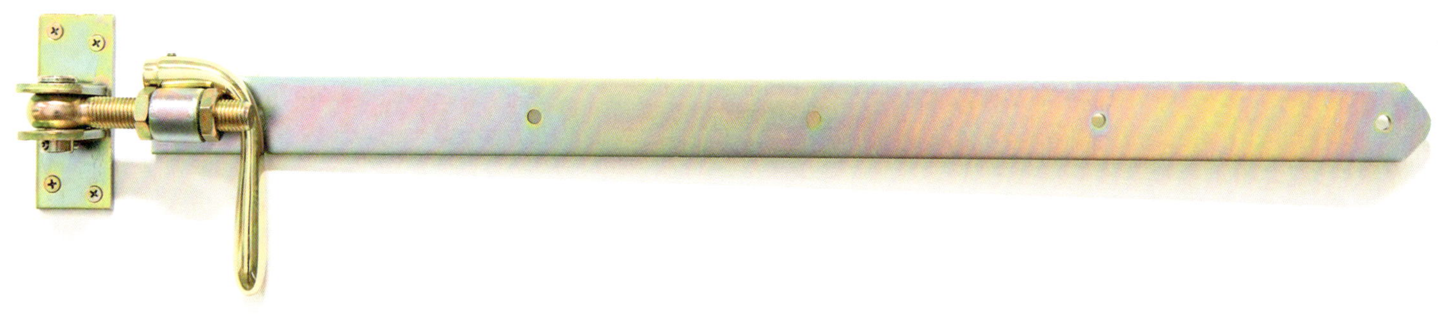

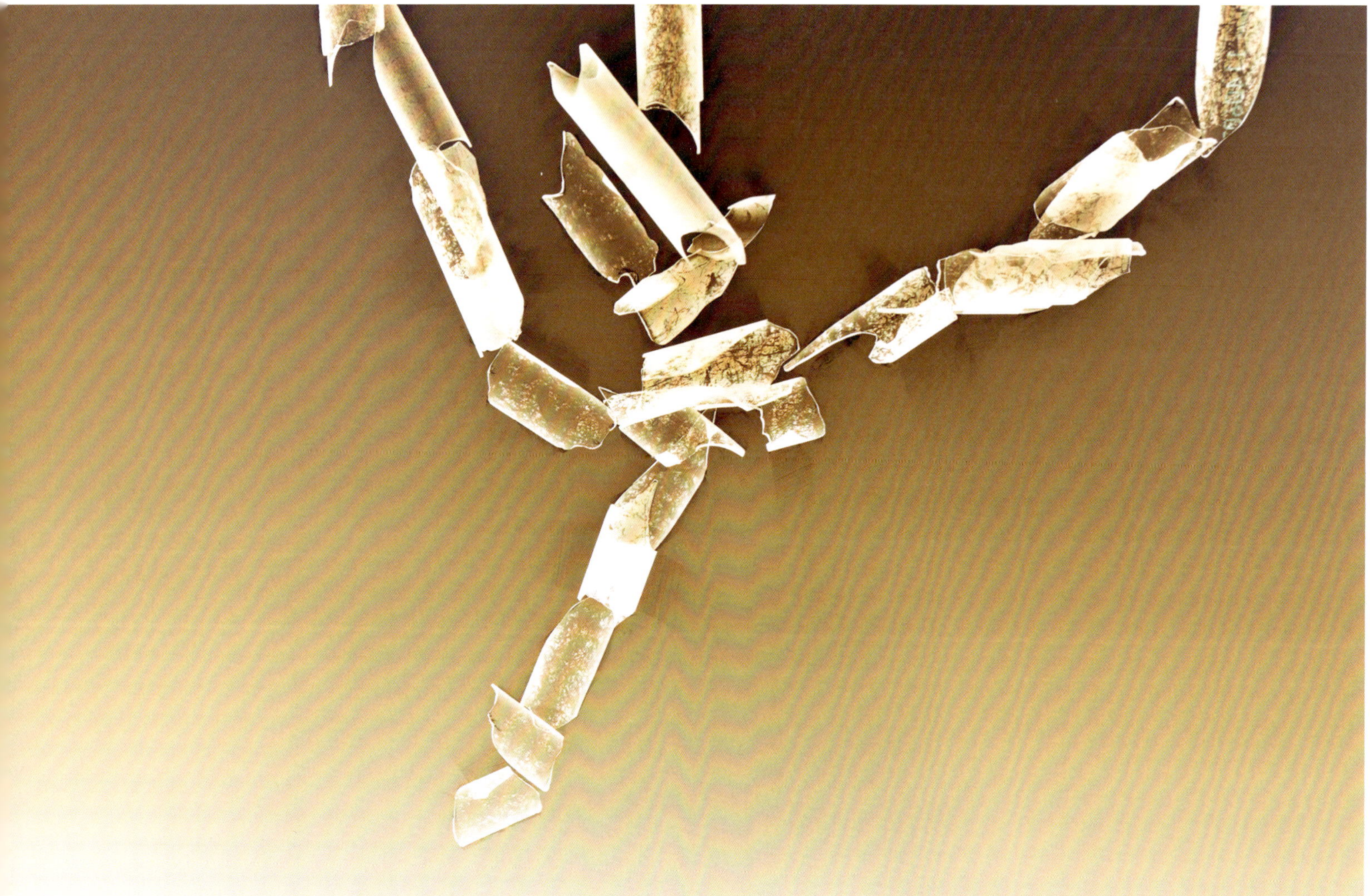

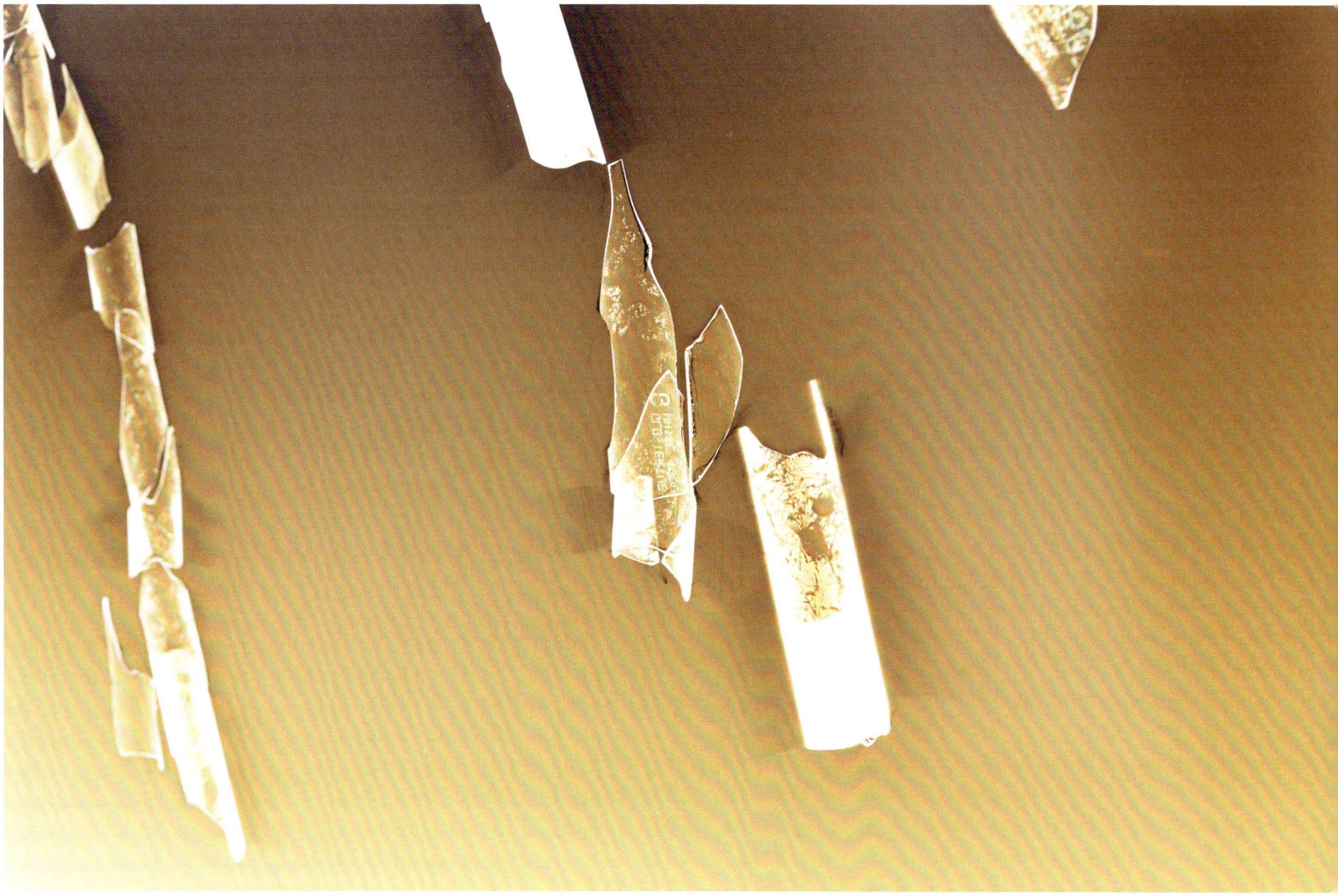

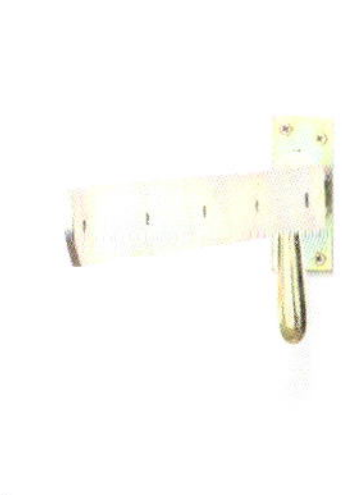

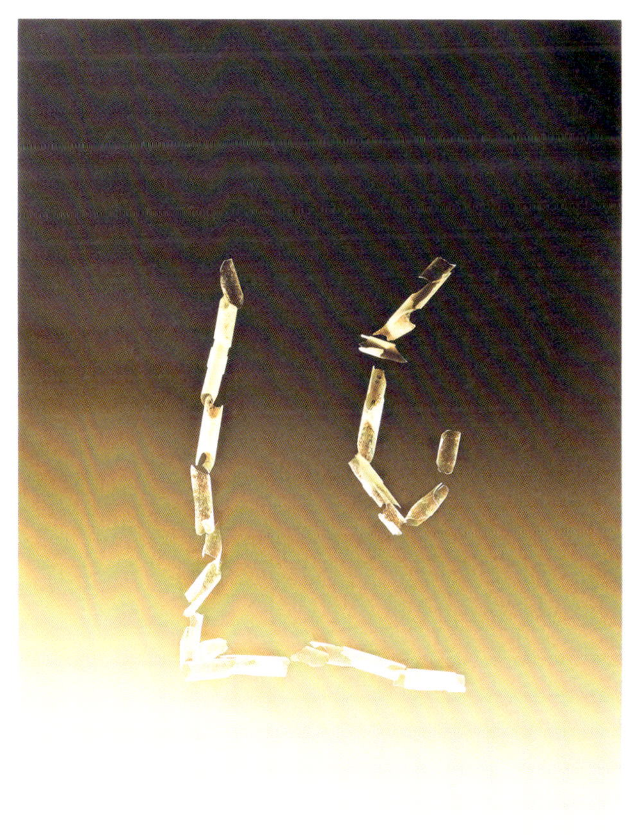

Jan Tumlir

Im Falle eines Unfalls

In the Event of an Accident

1978 veröffentlichten The Normal ihre Single „Warm Leatherette". Die radikal auf das Wesentliche reduzierte musikalische Struktur des Songs besteht aus einer Sägezahn-Klangwelle eines 700 Korg Analog-Synthesizers, welche über akustische Gipfel und Täler verläuft, vorangetrieben von dem Beat eines unverändert pulsierenden Drum-Computers, der entfernt an den Sound einer Dampfmaschine erinnert, die Luft einsaugt und dann Abgasdämpfe ausspuckt. Dieses einfache musikalische Programm erstreckt sich über die gesamte Laufzeit des Songs, strikt repetitiv, ohne durch menschliches Dazutun variiert zu werden. Ebenso wenig menschlich ist die Stimme des Sängers, der kalt und emotionslos von einem Autounfall singt: „See the breaking glass / In the underpass [...] Hear the crushing steel / Feel the steering wheel [...] Warm leatherette melts / On your burning flesh / You can see your reflection / In the luminescent dash [...] A tear of petrol is in your eye / The hand brake penetrates your thigh / Quick, let's make love before you die." (Siehst du das Glas zersplittern / In der Unterführung [...] Hörst du, wie der Stahl zerschmettert / Fühlst du das Lenkrad [...] Und wie der warme Kunstlederbezug schmilzt / Auf deiner verbrennenden Haut / Du siehst dich gespiegelt / In dem beleuchteten Armaturenbrett [...] In deinem Auge eine Träne aus Benzin / Die Handbremse hat deinen Oberschenkel durchbohrt / Komm, lass uns schnell Liebe machen, bevor du stirbst). „Warm Leatherette" wurde ein Überraschungshit, was ziemlich bemerkenswert ist, wenn man bedenkt, dass hier eine monotone Form und ein sehr extremer Inhalt auf fragile Weise miteinander verbunden wurden. Vielleicht hat man eine bestimmte Wahrheit in dem Text erkannt, etwas, das einem auf gewisse Weise vertraut vorkam: Eine Unterströmung der Selbstauslöschung in unseren alltäglichen Auseinandersetzungen mit der Welt der Technologie. Entscheidender als derartige thematische Spekulationen war aber ganz einfach der für die damalige Zeit vollkommen neue Sound des Songs. Der Synthesizer imitierte nicht irgendein anderes Instrument und fügte sich auch nicht in ein vorgefertigtes musikalisches Arrangement ein – als eine Art musikalischer Farbtupfer sozusagen. Die Maschine ist die Attraktion; man erlaubt ihr, in ihrer eigenen Stimme zu sprechen. Eine Stimme, die sowohl brutal primitiv als auch ihrer Zeit voraus ist. Sie ist abschreckend und im Ansatz auch auf unbestimmte Weise verführerisch. Die Worte des Sängers „erklären" die Anziehungskraft dieser Maschinenstimme und die ganz besondere Art Erotik, die von ihr ausgeht.

In 1978, a two-member band by the name of The Normal released their single "Warm Leatherette." The song's radically stripped-down musical structure essentially consists of a "saw-tooth" sound-wave generated on a cheap Korg synthesizer, which is left to run through its sonic peaks and valleys, propelled forward by an unchanging drum-machine beat that vaguely recalls the sound of a steam engine, sucking in air and spewing out exhaust. This basic program carries all the way through the song's running time in a strictly repetitive fashion, un-modulated by human intent. No less inhuman is the voice of the singer, who relates the event of a car crash in coldly dispassionate tones: "See the breaking glass / In the underpass [...] Hear the crushing steel / Feel the steering wheel [...] Warm leatherette melts / On your burning flesh / You can see your reflection / In the luminescent dash [...] A tear of petrol is in your eye / The hand brake penetrates your thigh / Quick, let's make love before you die." As it happens, "Warm leatherette" was a left field hit, surprising when one considers its unstable marriage of monotonous form and extreme content. Perhaps the public had recognized in the lyrics something that was true, and moreover familiar: an undercurrent of self-annihilation in our everyday interactions with technology. But overriding any such topical speculation was simply the novelty of the song's sound at the time. Here, the synthesizer was not made to imitate other instruments or to fit into any pre-established musical arrangement — as an accent, let's say. The machine runs the show; it is allowed to speak in its own voice, which is both brutally primitive and ahead of the curve, off-putting but also vaguely *charming*. The singer's words "explain" the allure of this machine-voice, the particular quality of eroticism it exudes.

One might be reminded of "Warm Leatherette" while observing the work that Tatiana Echeverri Fernandez produced during her stay in Los Angeles in the winter of 2017, a complexly interrelated collection of sculptural objects and pictures that touches on the theme of transportation disaster, among other things, in an age of intelligent machines. This work is comprised largely of materials salvaged from automotive junkyards, spare parts often bearing indexical tracings of the violent accidents that landed them there. Elegantly recomposed and displayed within the abundant spaces of MaRS gallery, located in an old industrial district of this city, one nevertheless could imagine the decomposed debris fields and heaps from which they were pulled. And although as visual art they were of course presented mute,

Man mag sich an „Warm Leatherette" erinnert fühlen, wenn man sich mit den Arbeiten beschäftigt, die Tatiana Echeverri Fernandez während ihres Aufenthaltes im Winter 2017 in Los Angeles angefertigt hat, eine komplexe, aufeinander bezogene Ansammlung skulpturaler Objekte und Bilder, die sich – unter anderem – mit dem Thema schwerer Verkehrsunfälle in einem Zeitalter intelligenter Maschinen auseinandersetzen. Diese Arbeiten bestehen hauptsächlich aus von Autoschrottplätzen geretteten Materialien, Überbleibsel, die oft mit Spuren von den brachialen Unfällen gekennzeichnet sind, durch die sie auf den Schrottplätzen gelandet sind. Diese Materialien werden in den großzügigen Räumlichkeiten der MaRS Galerie in einem historischen Industriebezirk neu zusammengefügt und ausgestellt. Selbst in diesem Umfeld können die zerfallenen Trümmerfelder und Schrotthaufen, von denen die Einzelteile selektiert wurden, vor dem inneren Auge des Betrachters entstehen. Und obwohl sie als Gegenstände der bildenden Kunst vollkommen lautlos im Raum stehen, kann man sich einen Begriff von dem Lärm machen, der ihre Entstehung in ihrer heutigen Form begleitet hat – der Lärm der realen Sägezahn-Werkzeuge, mithilfe derer diese Einzelteile aus ihren verstümmelten Entitäten herausgearbeitet wurden. Und noch davor: der Lärm kreischender Bremsen, schleudernder Reifen und kollidierender Fahrgestelle.

In dem Song suggeriert die Aufforderung, schnell noch „Liebe zu machen", bevor es zu spät ist und es nicht mehr möglich ist sich überhaupt zu bewegen, dass Verkehrsunfälle durchaus über ein sexuelles Erregungspotenzial verfügen. Man könnte sich vorstellen, dass der Sänger, als Fahrer, mit seinem Partner im Beifahrersitz spricht. Was aber, wenn er allein unterwegs wäre? Dann wäre der Liebesakt auf ihn und das Fahrzeug beschränkt, die Verführung hätte vor längerer Zeit eingesetzt, der Vollzug wäre in vollem Gange, nicht nach dem Unfall, sondern vielmehr währenddessen. In dem Œuvre von Tatiana Echeverri Fernandez werden wir ebenso mit den stofflichen Rückständen eines Vorgangs konfrontiert, welcher Gewalt und Liebe in gleichem Maße vereint. Durch die unmittelbare Zärtlichkeit und Brutalität markiert diese Kunst den Kollisionspunkt von Eros und Thanatos. *Bones and Bloodlines to Space*, der Titel, den sie dieser Ausstellung gegeben hat, fasst den ambivalenten emotionalen Ton dieser Arbeit zusammen – in seiner simultanen Wirkung einer warmen Körperlichkeit und der Kälte des Kosmos.

Bezeichnenderweise haben alle von der Künstlerin ausgewählten Autoteile direkten ergonomischen Kontakt mit dem Körper des Fahrers: Die

one could imagine as well the noise that once enfolded them — the noise of the real saw-tooth tools by which these parts were extracted from mangled wholes, and before that, the noise of screeching brakes, skidding rubber and colliding chassis.

In the song, the injunction to quickly "make love" before it is no longer possible to move at all suggests that car crashes are sexually arousing. One might assume that the singer, as driver, is addressing his mate in the passenger seat. But what if instead he were driving solo? Then the lovemaking would have to be confined to himself and his car, the seduction begun long ago, its consummation already happening, not after the crash, but right then. In this body of work by Echeverri Fernandez we are also presented with the material residue of an act that combines violence and love in equal measure. At once tender and cruel, it marks the point of collision between the forces of Eros and Thanatos. *Bones and Bloodlines to Space*, the title given to the exhibition, sums up the work's ambivalent emotional tone in its simultaneous appeal to a warm physicality and the coldness of the cosmos.

Significantly, the car parts that were chosen by the artist are those that make immediate ergonomic contact with the driver's body: the seats that contain and cushion its carriage; the steering wheels that transmit the slight movements of the shoulders, arms, hands and fingers, as navigation signals, toward the road; and the windshields that serve eyes and minds as observation screens for the landscape rushing by. No pedals were included, however, perhaps to avoid any pointless suggestion of acceleration or deceleration. The cars summoned up here via synecdoche, the part for the whole, had already been brought to a conclusive stop, never to start up again. Hence also no car tires, no rims, and no engines in between, nothing to receive the commands of those missing pedals and translate them into actual motion. Any lingering perception of mobility that one might have wanted to make out in these objects was strongly discouraged. A condition of absolute stasis prevailed. But even — sometimes especially — the most inert things can powerfully animate our fantasies.

In regard to the principle of technological extension, as Marshall McLuhan describes it, an absence of pedals and driving wheels might correspond to a figure rendered legless, a figure immobilized. Since what we confront throughout Echeverri Fernandez's work are precisely "the extensions of man," to cite the subtitle of McLuhan's book *Understanding Media*, so too are we always

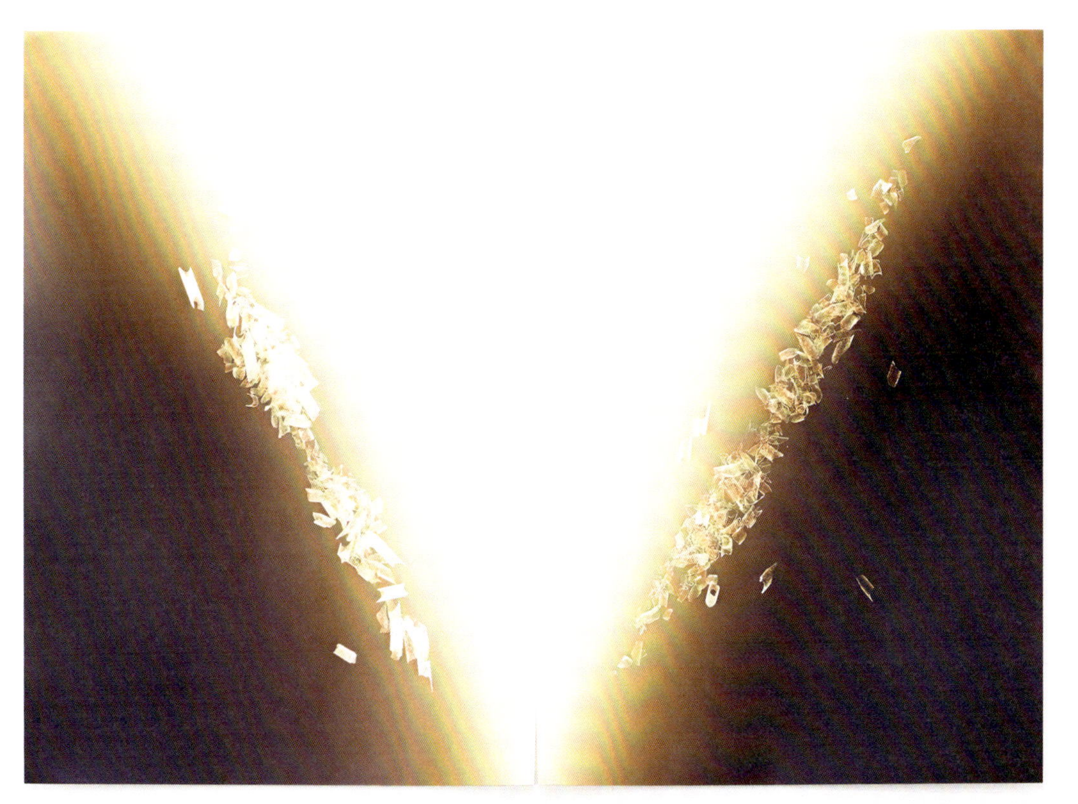

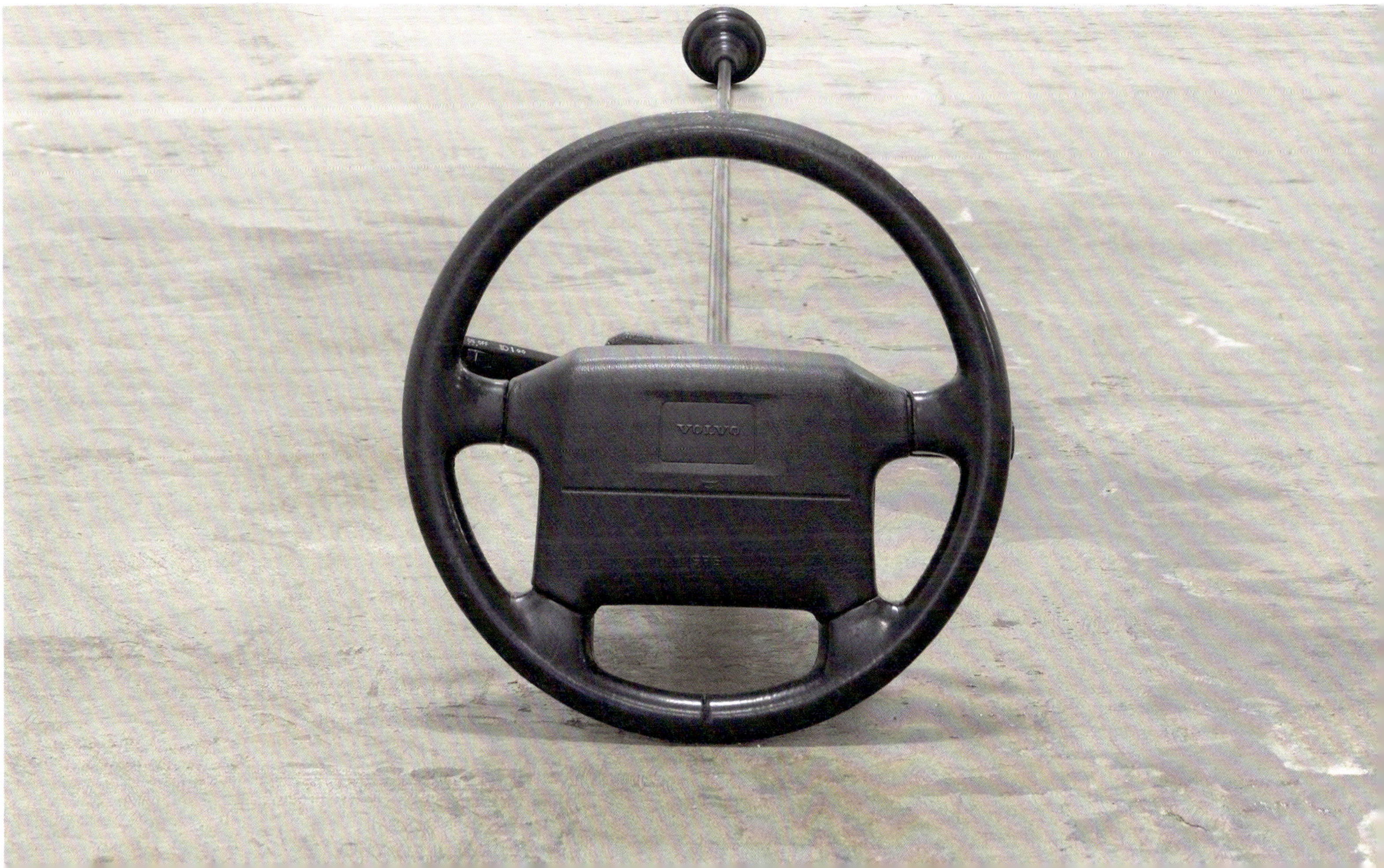

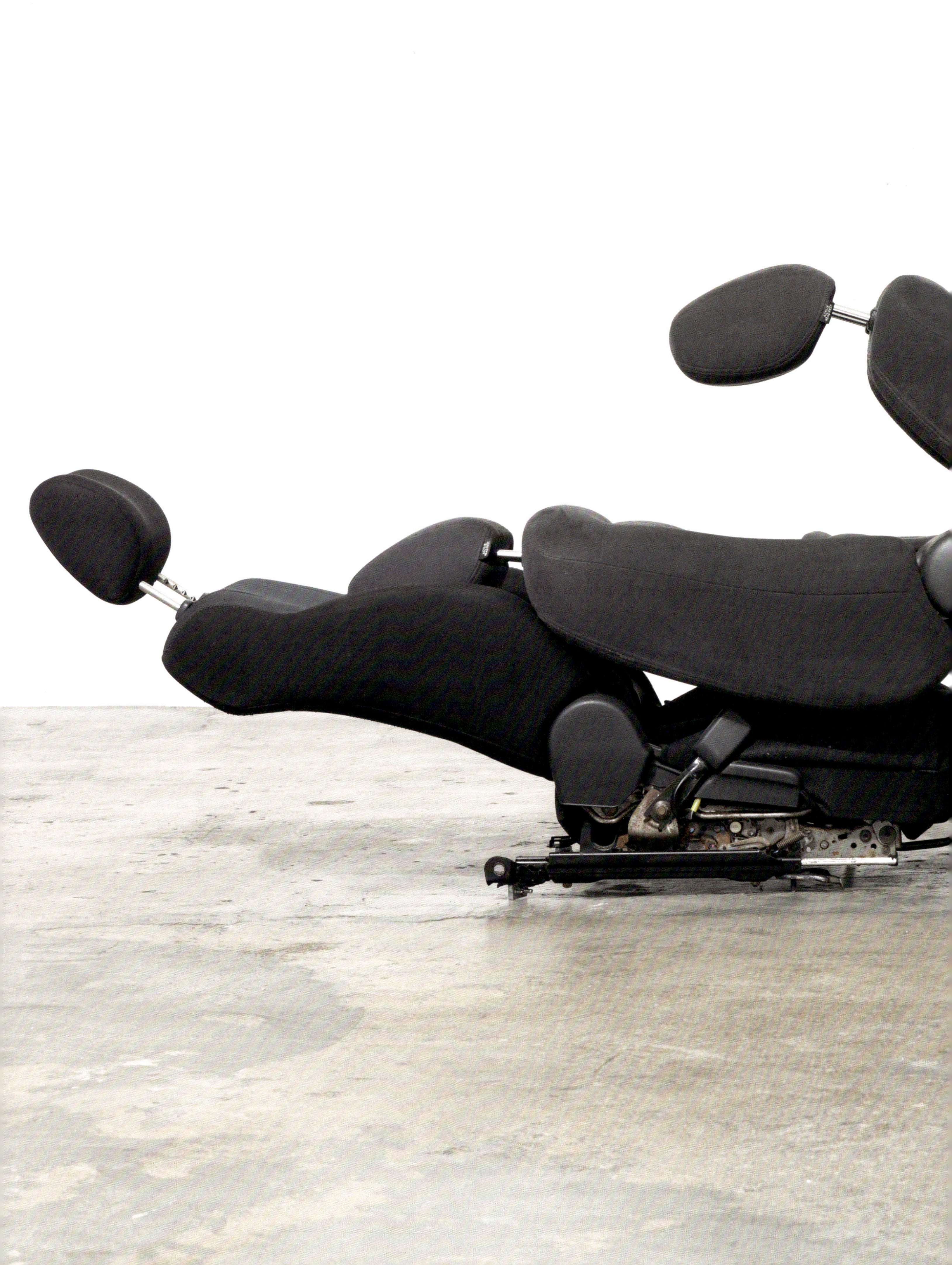

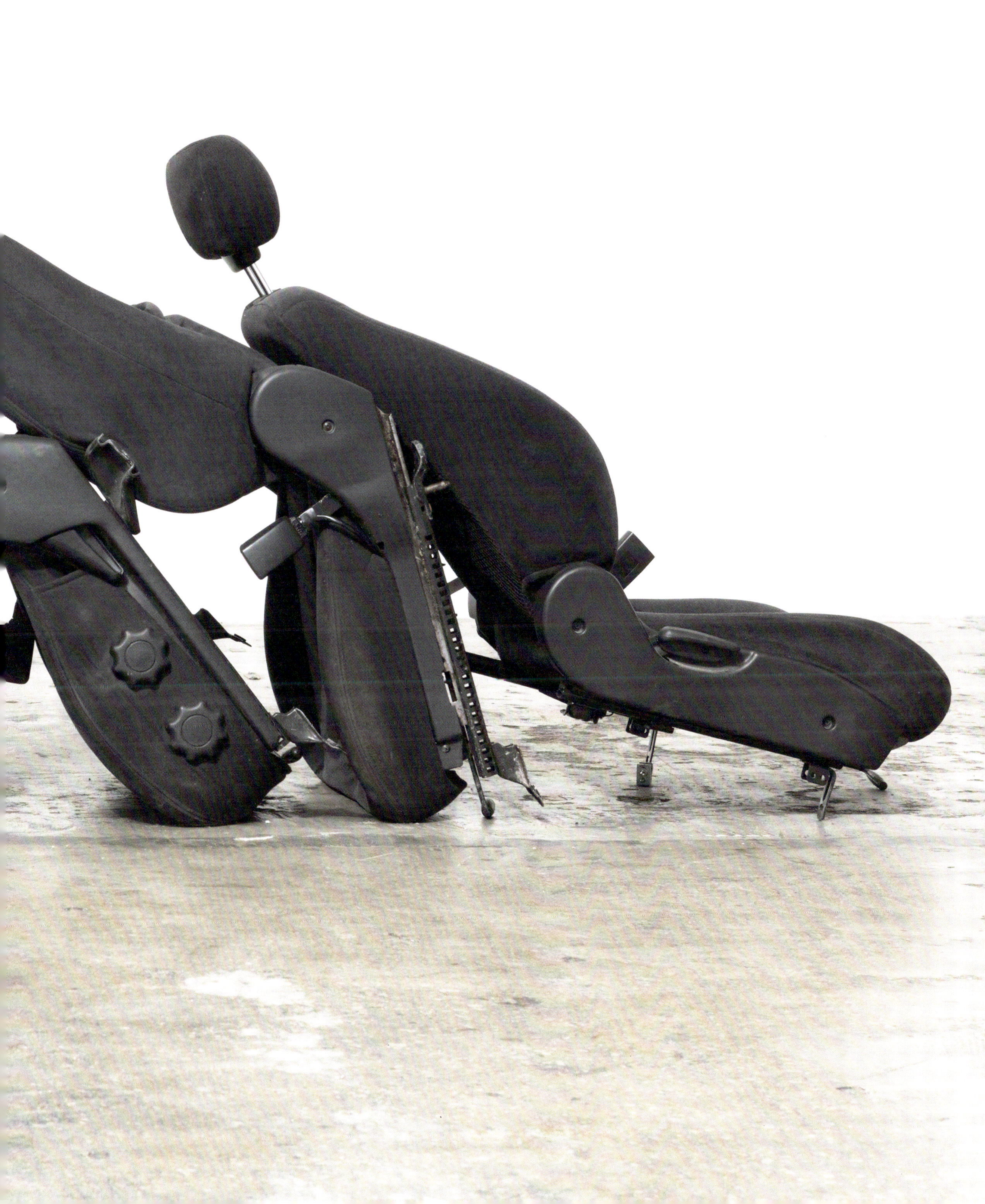

Sitze, in denen die Fracht transportiert wird und in denen sie gepolstert ist; das Lenkrad, das die leichten Bewegungen der Schultern, Hände und Finger als Navigationssignale auf die Straße überträgt; die Windschutzscheibe, welche den Augen und dem Gehirn als Beobachtungsbildfläche für die vorbeiziehende Landschaft dient. Pedale wurden nicht ausgewählt, möglicherweise um fehlgeleitete Vorstellungen von Beschleunigung und Bremsen zu vermeiden. Die Fahrzeuge werden hier mittels Synekdoche heraufbeschworen, als *pars pro toto*, denn sie sind zum finalen Stillstand gekommen, der Motor dieser Autos wird nicht mehr anspringen. Folgerichtig gibt es hier auch keine Autoreifen, keine Felgen und dazwischen auch keinen Motor, der die Kommandos der fehlenden Pedale erteilt bekommt und diese in tatsächliches Fahren umsetzen könnte. Jeglichen nachklingenden Vorstellungen von Fortbewegung, welche man anhand dieser Objekte entwickeln könnte, wird hier rigoros eine Absage erteilt. Hier herrscht ein Zustand absoluten Stillstandes. Aber selbst die regungslosesten aller Dinge – und vielleicht sogar gerade sie – sind manchmal in der Lage, unsere Fantasie auf das Heftigste anzuregen.

In Bezug auf das Prinzip technologischer Erweiterung, so wie Marshall McLuhan es beschreibt, steht die Abwesenheit von Pedalen und die Anwesenheit der Lenkräder möglicherweise in Verbindung mit einer Figur, die ihre Beine verloren hat, die nicht in der Lage ist sich zu bewegen. In Echeverri Fernandez' Arbeiten werden wir durchgängig mit der „Erweiterung des Menschen" konfrontiert, um den Untertitel von McLuhans Buch *Medien verstehen* zu zitieren. Und so werden wir in diesem Sinne auch immer an die Vorstellung vom Menschen als Akteur der Erweiterung erinnert. Diese Skulpturen aus Versatzstücken – herausgebrochen aus vormals funktionierenden Transportmaschinen und neu zusammengesetzt als ästhetische Aussage, beschwören unsere eigene physische Form als Menschen viel unmittelbarer als die Fahrzeuge, zu denen sie vormals gehörten. In *Mellow Yellow* steht beispielsweise ein Autoklappsitz auf der äußersten Kante seiner Unterseite gegen die Wand gelehnt; sodass es den Anschein einer entspannt lehnenden Person erweckt, die allerdings immer noch über das Potenzial verfügt sich zu bewegen. Die Rückenlehne und die Kopfstütze, die man jetzt als den Rumpf und den Kopf eines menschlichen Körpers deuten könnte, neigen sich nach vorne, wie in Reaktion auf die Gegenwart des Betrachters. In dieser Positur scheint dieses Etwas, diese Skulptur uns aufhalten zu wollen, um unsere Aufmerksamkeit zu erlangen, etwas zu fordern von all denen, die hier vorbeischreiten.

reminded of humans as extending agents. Disintegrated from any functional machinery of transportation and recomposed as aesthetic propositions, her sculptures of spare parts evoke our own physical form more readily than the vehicles they once were part of. In *Mellow Yellow*, for instance, a folding car seat, stood up on the outermost edge of its base and propped against the wall, takes on the appearance of a leaning, relaxing person, although one still endowed with motive potential. Its backrest and headrest, which now could be construed as the trunk and head of a human body, incline forward, as if in response to the viewer's presence. Positioned in this way, it seems to want to stop us in turn, to capture attention, to solicit something from those who pass by.

Even more prone to psychic animation is the freestanding, or sitting, quartet of car seats that comprise *Velocity Quotation I*. Tightly butted up in a line, they collapse backward into each other, describing successive stages of falling somewhat like a three-dimensional rendition of a time-lapse photograph by Étienne-Jules Marey. These appear before us as "dummies" put through the paces of a simulated accident; they endure their unfortunate trial for our benefit — one might say for our safety. Then again, if the worst has already occurred, this would have to be a futile exercise. Perhaps we should qualify it rather as an after-the-fact reenactment, a forensic reconstruction; or else, imparting to these car seats a measure of autonomous being, suspended somewhere between death and life, it is just a reflexive twitch.

A last car seat was included in the exhibition, installed in a separate room right across the wall from the aforementioned leaning seat on the other side. This one is a child's seat, a particularly troubling item within this context. However, it performs somewhat differently than the others in the series, and this is not only due to its diminutive scale, or even the snakeskin pattern it wears — the result of a "hydro-dipping" process, wherein a flat print, dissolved in a pool of water, is wrapped around any material object that is plunged into it. More anomalous still is the fact that this seat lies atop a consumer-grade scanner, as if intent on capturing its own image. With armrests turned out toward the floor like balancing arms, "face" pushed against the flatbed screen, it strikes a pose of mediated self-reflection. This seat would seem to ignore us totally, and yet it does so precisely by mimicking us — any audience that might gather before it and impulsively reach for its cellphone to snap a selfie — all the more accurately. The title of this work is absurd and vaguely indicting: *It Seeing It Seeing It*.

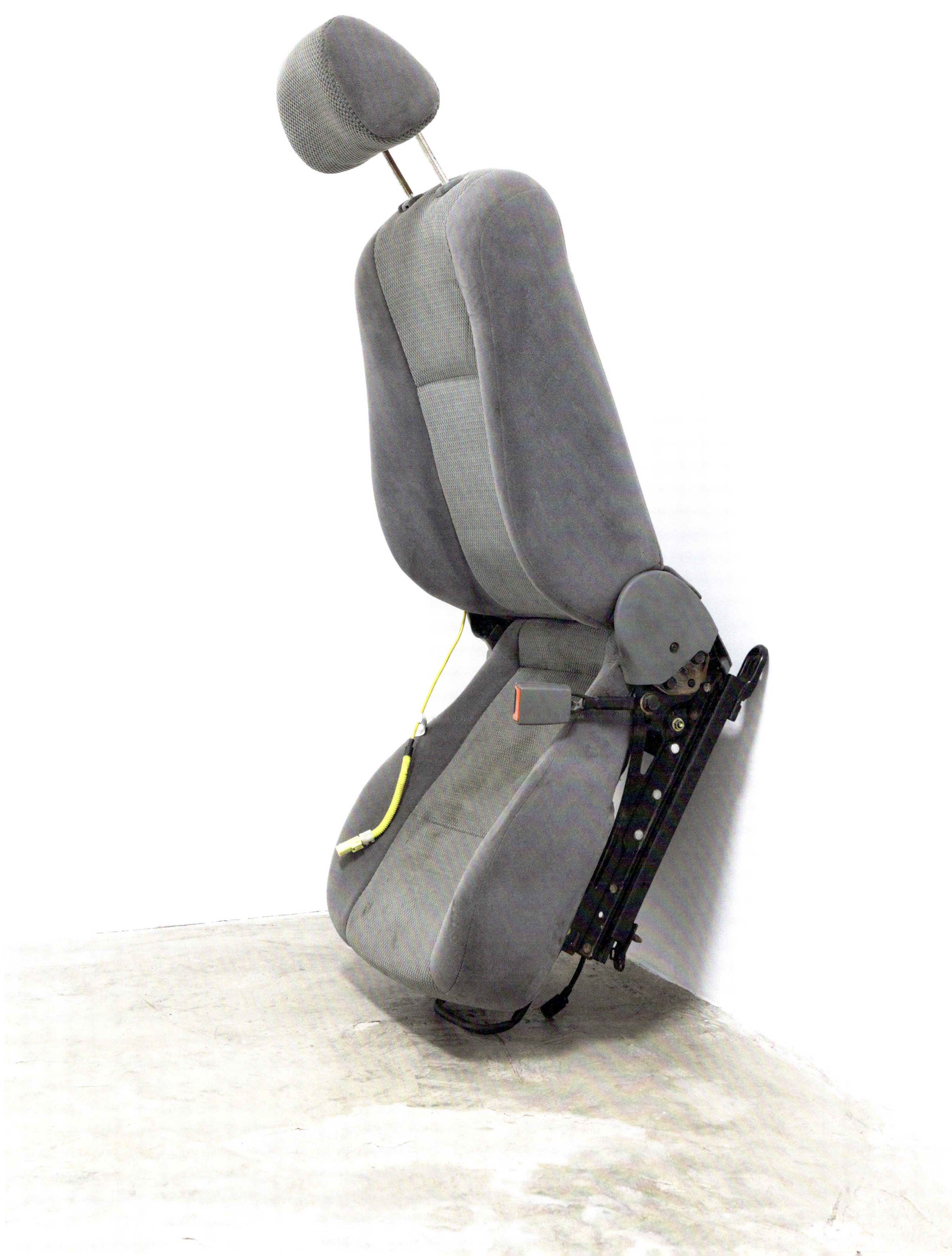

Ein Werk, welches diese Art psychischer Animation wohl in noch höherem Maße hervorruft, ist *Velocity Quotation I*, welches aus einem frei im Raum stehenden, beziehungsweise sitzenden Quartett aus Autositzen besteht. Eng in einer Reihe zusammengestellt fallen die Sitze rückwärts aufeinander und beschreiben so nacheinander ablaufende Phasen, ähnlich wie eine dreidimensionale Interpretation einer Fotografie von Étienne-Jules Marey. Sie erscheinen vor uns wie „Dummies", die man die verschiedenen Stufen eines simulierten Unfalls durchlaufen lässt. Diese Figuren durchlaufen diesen für sie unglücklichen Testlauf zu unserem Nutzen – man könnte sogar sagen: für unsere Sicherheit. Vielleicht sollten wir es als eine im Nachhinein nachgestellte Szene einstufen, eine kriminaltechnische Rekonstruktion; oder möglicherweise sollten wir diesen Autositzen ein gewisses Maß autonomen Daseins zubilligen, im Zwischenreich von Leben und Tod, nichts weiter als ein reflexartiges Zucken.

Und noch ein letzter Autositz ist Teil dieser Ausstellung geworden, aufgestellt in einem separaten Raum direkt gegenüber der Wand, an dem der bereits erwähnte Autositz auf der anderen Seite lehnt. Bei diesem Sitz handelt es sich um einen Kindersitz, ein in diesem Kontext außergewöhnlich beunruhigend wirkendes Ausstellungsstück. Allerdings ist seine Wirkungsweise eine andere als die der übrigen Sitze aus dieser Serie, und das liegt nicht nur an seiner zierlichen Größe oder gar an dem Schlangenhautmuster, mit dem er bezogen ist – als Resultat eines Wassertransferdrucks, bei dem ein Flachdruckelement in einem Wasserbecken aufgelöst wird und sich anschließend um jegliche geformten Objekte wickelt, welche man in dieses spezielle „Farbdruckbad" legt. Noch ungewöhnlicher allerdings ist die Tatsache, dass dieser Sitz auf einem im Einzelhandel erhältlichen Scanner liegt, ganz so, als beabsichtige er sein eigenes Abbild einzufangen. Die Armlehnen sind dabei in Richtung des Bodens ausgerichtet wie Arme, die die Balance halten, das „Gesicht" liegt indessen auf der Scheibe des Flachbettscanners – so entsteht der Eindruck, als nehme hier jemand die Pose vermittelter Selbstreflexion ein. Dieser Sitz mag so scheinen als würde er uns komplett ignorieren. Dieser Eindruck entsteht, indem er uns imitiert – wie jeder Zuschauer, der vor dem Kunstwerk steht und ganz reflexartig nach seinem Mobiltelefon greift, um ein Selfie zu machen – und genau das macht dieses Artefakt umso exakter. Der Titel dieser Arbeit scheint absurd und hat dabei einen vage anklagenden Unterton: *It Seeing It Seeing It*.

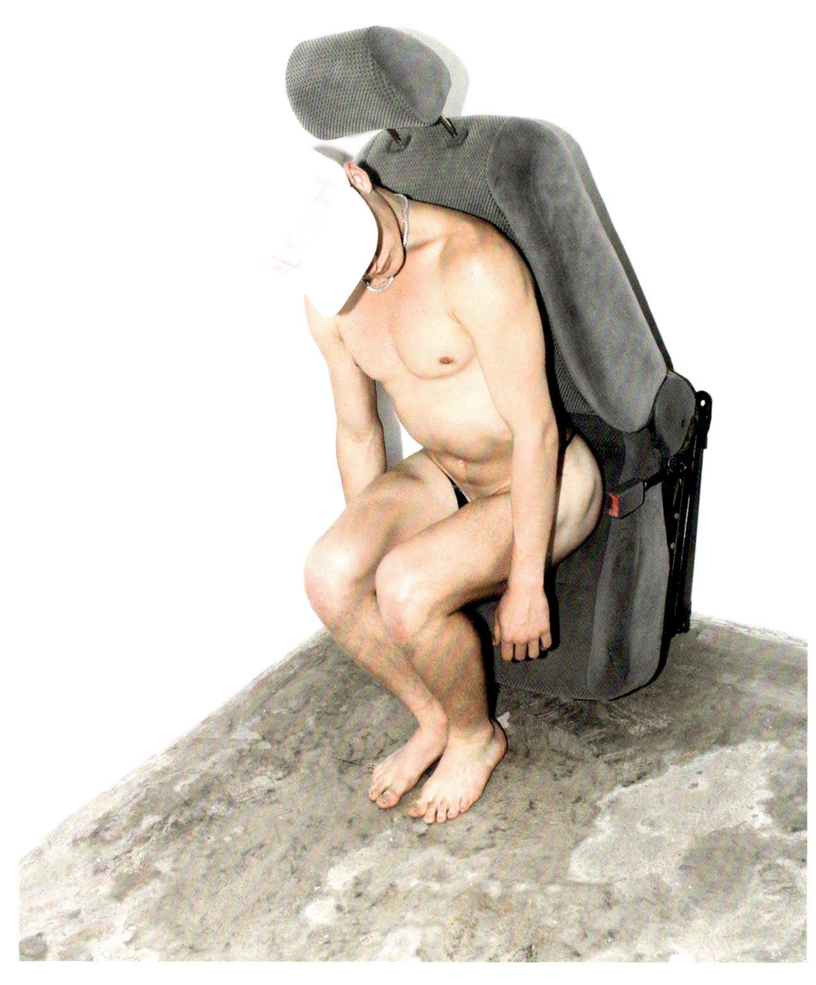

"A roaring car [...] is more beautiful than the *Victory of Samothrace*," F. T. Marinetti famously proclaimed in *The Founding and Manifesto of Futurism* of 1909. And even more beautiful, at least from an avant-garde perspective, is a car that has crashed. As Marinetti recounts it, the inception of the Futurist program, with its cult of speed, actually begins with a car that had been brought to a sudden halt. Following a night of revelry and creative ferment, the sleep-deprived author goads his companions into a car chase: "Let's break out of the horrible shell of wisdom," Marinetti enthuses in his manifesto, "and throw ourselves like pride-ripened fruit into the wide, contorted mouth of the wind!" The accident follows shortly thereafter: "The words were scarcely out of my mouth, when I spun my car around [...] I stopped short and to my disgust rolled over into a ditch with my wheels in the air." As the car and its driver sink into mud, the thrill of acceleration is by no means negated; to the contrary, Marinetti will emerge from the wreckage recharged. "I felt the white-hot iron of joy deliciously pass through my heart!" is how he puts it. The upended car becomes more than a trophy of survival; having

„Ein aufheulendes Auto [...] ist schöner als die Nike von Samothrake", so das berühmte Zitat von F. T. Marinetti, welches er im „Manifest des Futurismus" von 1909 verkündete. Noch schöner aber ist – zumindest aus avantgardistischer Perspektive – ein Auto, das in einen Unfall verwickelt ist. In der Darstellung Marinettis ist die Geburtsstunde des Futurismus, mit seinem Kult der Geschwindigkeit, genau genommen der Moment, in dem ein Fahrzeug ganz abrupt zum Stillstand gebracht wird. Nach einer Nacht wilder Ausschweifungen und kreativer Unruhe stachelt der übernächtigte Autor seine Kompagnons zu einem Autorennen an: „Verlassen wir der Weisheit schreckliches Gehäuse", schwärmt Marinetti in seinem Manifest, „und werfen wir uns, wie mit Stolz gefärbte Früchte, in den riesigen und fletschenden Rachen des Windes!". Kurz darauf kommt es zum Unfall: „Kaum hatte ich diese Worte gesagt, als ich mich plötzlich um mich selbst drehte [...] Ich bremste kurz und aus Ekel pflanzte ich mich – bums! – Hintern über Kopf in einen Graben." Der Wagen gräbt sich mitsamt seinem Fahrer im Schlamm ein, doch auch diese Situation trübt die Begeisterung für die Geschwindigkeit in keiner Weise; im Gegenteil: Marinetti steigt aus den Trümmern gestärkt hervor, mit neuer Energie. „Ich fühlte wie das rote Schwert der Freude süß mein Herz durchbohrte"[1], so formuliert er es. Das auf dem Dach liegende Auto ist für Marinetti mehr als nur eine Trophäe des Überlebens; indem es seine eiserne „Seele" mit dem Fahrer geteilt hat, verbleibt es als eine Beglaubigung einer unauflöslichen Vereinigung.

Die Bildhauerei ist eine Kunstform der Regungslosigkeit. Vorwärtsbewegung wird hier am besten mit dem Moment des Aufpralls vermittelt, wenn dynamisch drängende Körper auf hartnäckigen Widerstand treffen und so zum Stillstand gebracht werden. Die zerknautschten Details eines Autowracks tragen energiegeladene Eindrücke in sich, die wir ganz unmittelbar in unseren Körpern spüren und die sich in unseren Gedanken bewegen. Autos sind, obwohl es sich bei ihnen um nicht-figurative Objekte handelt, zumindest äußerlich gesehen nach dem „Maß des Menschen" gefertigt. Und im Falle eines Unfalls sind sie in ihrem Innern sozusagen mit den spezifischen Maßen ihrer Insassen geprägt. Man könnte das als eine zugleich prosaische und außergewöhnliche Allegorie verstehen – für den skulpturalen Prozess des Formens und Ausgießens. Darüber hinaus wird hierbei auch die jahrhundertealte phantastische Vorstellung eines Golems wiedererweckt oder auch die von Pygmalion, die Belebung anorganischen, elementaren

shared its iron "spirit" with the driver, it remains behind as a testament to an indissoluble union.

In sculptural works, which traditionally stand still, forward momentum is perhaps best conveyed at the point of impact, as propulsive bodies meet with stubborn resistance and are brought to rest. The crumpled details of automotive wreckage carry energized impressions that we immediately feel within our own bodies and that move in our minds. Cars, although they are non-figurative objects, are nevertheless outwardly made to the generic "measure of man." And in the event of an accident they are inwardly imprinted with the specific measurements of their occupants, those actually inside it. This could serve as an allegory, at once prosaic and extraordinary, for the sculptural processes of molding and casting. Moreover, what is reawakened here is the age-old fantasy of a Golem or Pygmalion, the vivification of inorganic, elemental material through sheer strength of creative will. Of course, Echeverri Fernandez's assemblages of car parts do not trump the winged Nike that Marinetti disparaged; rather, they seek to re-channel its latent kinesis. The classical *contrapposto* stance of the figure stopped and started at once haunts every square inch of them.

Any attempt to actually automate the object will prove counterproductive in this regard. What is to be mobilized is rather the essential inertia of the sculptural form, which is exactly what Echeverri Fernandez does. Most of the works that she produced for her MaRS exhibition become

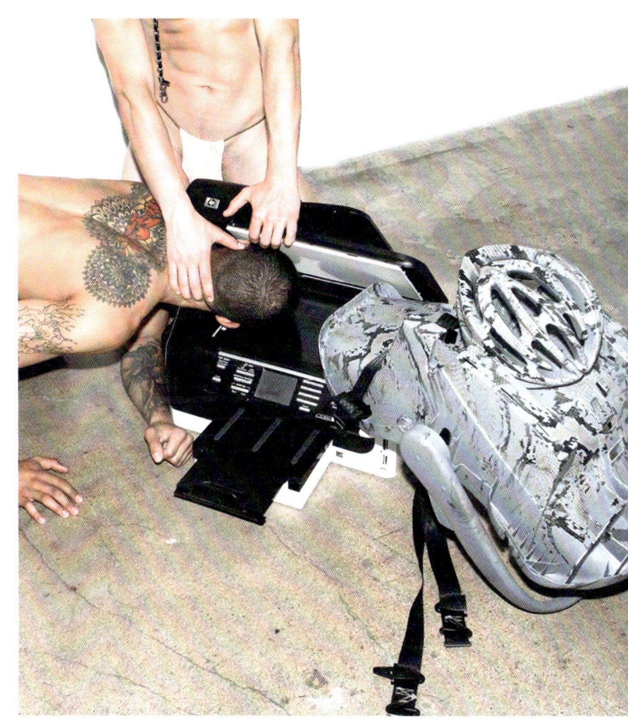

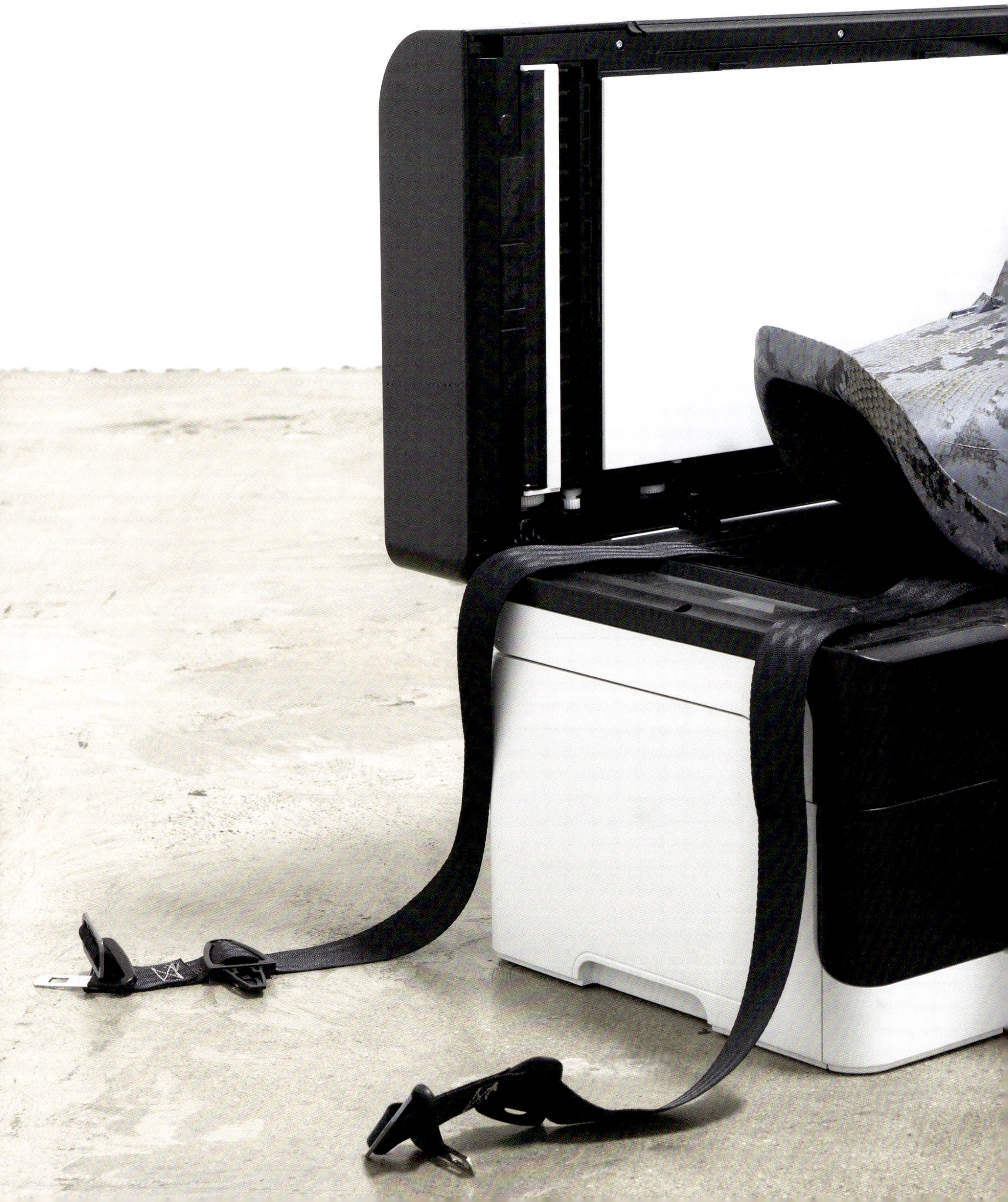

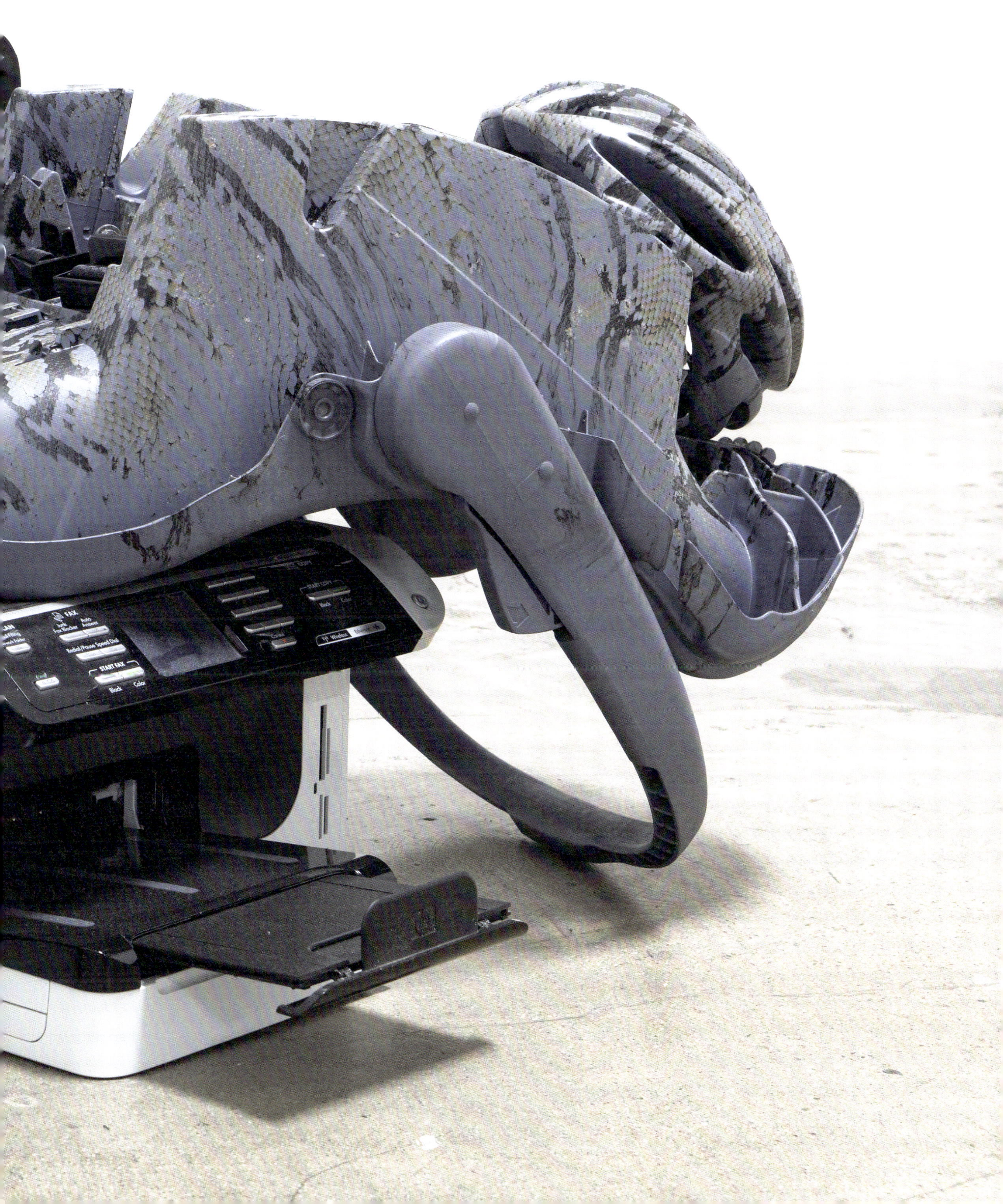
FAX
Junk Fax Blocker
Auto Answer
Redial/Pause
Speed Dial
START FAX
Black
Color
START COPY
Black
Color
Cancel
Wireless
Ethernet

Materials durch die reine Kraft des kreativen Willens. Selbstverständlich übertreffen die von Echeverri Fernandez zusammengestellten Autoteile nicht die von Marinetti geschmähte geflügelte Nike-Skulptur; bei ihnen geht es vielmehr darum, die in ihnen latente Kinese, ihre verborgenen Bewegungen, in neue Bahnen zu lenken. Die klassische Kontrapost-Haltung der Skulptur, die gestoppt und dann ganz plötzlich wieder in Bewegung gebracht wird, geistert in jedem Quadratzentimeter dieser Skulpturen herum.

Jeglicher Versuch, das Objekt zu automatisieren, wird sich in diesem Zusammenhang als kontraproduktiv erweisen. Es geht vielmehr darum, die Regungslosigkeit, die für die Skulptur das primäre Wesensmerkmal ist, zu mobilisieren. Genau darum geht es in der Arbeit von Tatiana Echeverri Fernandez. Das Gros ihrer Arbeiten, das sie für die MaRS-Ausstellung angefertigt hat, entfaltet im Zusammenspiel mit der sehr realen Wahrnehmung eines erzwungenen Stillstandes seine ganz eigene Dynamik. *Rigor mortis*, die Leichenstarre, fungiert hier lediglich als eine Folie: Eine Geste der Lähmung in einer gelähmten Form widersteht in gewisser Weise dem Widerstand. Doch zu dieser Gleichung müssen wir ein weiteres, neues Element hinzufügen – das Element künstlicher Intelligenz. Die Tatsache, dass Transportmaschinen und Informationstechnologien gleichermaßen als Erweiterungen der menschlichen Existenz gewertet werden können, wurde hier bereits durch deren rücksichtslose Zusammenführung und Verschmelzung erläutert. Der sich selbst scannende Autositz von *It Seeing It Seeing It* ist dafür das buchstäbliche Beispiel. Die Aussicht auf eine Welt der denkenden Dinge, welche in der Lage sind Daten zu empfangen, zu speichern, zu verarbeiten und zu übermitteln, wird bereits beim Eingang zur Galerie proklamiert. Hier werden die Betrachter mit *Door Sell* konfrontiert, einer Arbeit bestehend aus zwei Sprint HTC Android Mobiltelefonen, die mit bewusstem Kompositionswillen auf dem Betonboden abgelegt wurden, links und rechts von einer trennenden Glasscheibe. Schnell wird klar, dass diese Zwillingsgeräte über keine symbolische Funktion verfügen; sie stehen nicht für irgendetwas anderes als für das, was sie rein faktisch sind. Trotzdem werden aufgrund ihrer pseudo-illusionistischen Anordnung ganz unmittelbar Assoziationen einer symbolischen Bedeutung provoziert. Wenn man sich diesem Kunstwerk von der Seite nähert, kann der Eindruck entstehen, dass hier lediglich ein Mobiltelefon am Boden liegt, das zweite erscheint wie ein Spiegelbild. Aus einem anderen Winkel betrachtet sind drei Mobiltelefone zu sehen, indem

activated against the very real perception of a forced immobility. Rigor mortis is here merely a foil: paralyzed gesture in paralyzed form somehow resists the resistance. However, to this equation we must now add a new element, that of artificial intelligence. That machines of transport and information technologies can be qualified equally as human extensions is a point underscored here by their relentless conflation. The self-scanning car seat of *It Seeing It Seeing It* provides only the most literal example.

The prospect of a thinking thing-world, able to receive, store, process and transmit data, was announced upon entrance to the gallery. There, viewers were confronted by *Door Sell*, a work consisting of two Sprint HTC Android cellphones carefully placed on the concrete floor, to either side of a dividing sheet of glass. One instantly gathered that these twin devices exercise no symbolic function; they do not represent anything other than what they in fact are. Nevertheless, thoughts concerning representation as such were insistently prompted by the pseudo-illusionistic nature of their configuration. Approached from one angle, it might have been assumed that there is only one cellphone, the second appearing as its mirror image. From another angle, however, three cellphones could be counted, a hovering reflection added to the two actually there. By way of these simple effects, we were reminded that our phones no longer serve as just a means of throwing the voice. They have forsaken the real-time duration of talk; they are also devices of image capture and dissemination, subject to the repeat and shuffle logistics of the a-temporal ether. Enacting the final symbolic merger of imaging and messaging in alphanumeric code, they only *seem* to facilitate human exchange when instead they are communicating, indecipherably, with each other.

Further inside the exhibition, three detached steering wheels were arranged on the floor in a way that echoed the general theme of the cellphone composition, while also proposing a variation. Two (*Orbuculum I* and *Orbuculum II*) faced upward, whereas the third (*Orbuculum III*) was reversed, turned upside down on a mirror cut to match its circumference. This alternation between gestures of showing and seeing left one to consider this new double-life of the object, which once existed only for us but increasingly seems to withdraw into itself. The question of technological extension was resumed with some urgency: extension to where? Things made to the "measure of man" are no longer restricted to the extension of our physical dimensions; they are also

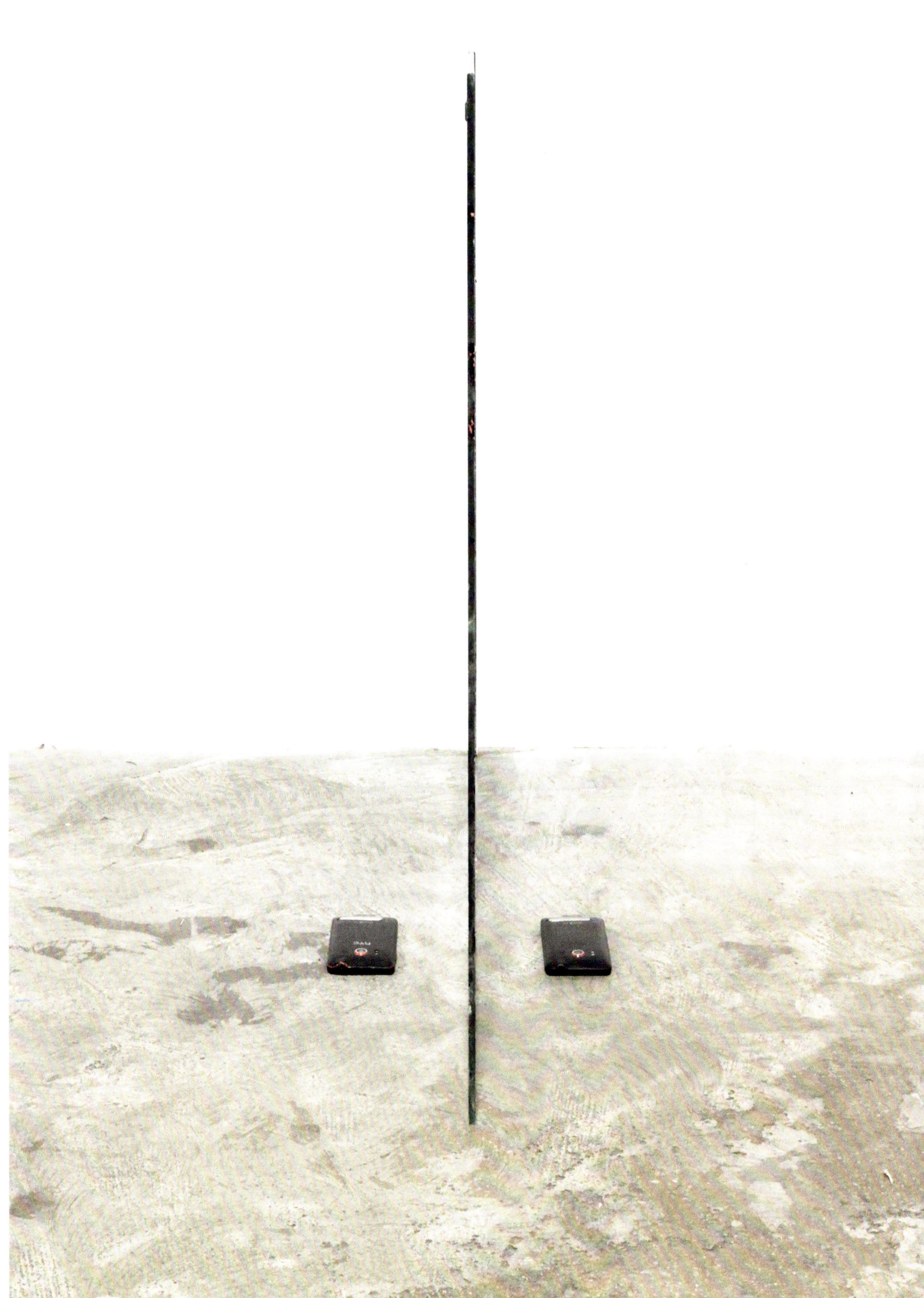

neben den beiden tatsächlich vorhandenen Mobiltelefonen eine weitere schwebende Reflektion eines dritten Gerätes erscheint. Durch diese einfachen Effekte werden wir daran erinnert, dass unsere Telefone nicht mehr lediglich dazu dienen, unsere Stimmen an einem Ort sprechen zu lassen, an dem wir uns gar nicht befinden. Diese Geräte haben inzwischen die Echtzeit-Dauer eines Gespräches weit hinter sich gelassen; sie sind inzwischen Mittel, mit denen man in der Lage ist, Bilder einzufangen und zu verbreiten, ausgeliefert an die Logistik der Wiederholung und des Durchmischens eines von der Zeit entkoppelten Äthers. Indem sie den finalen symbolischen Zusammenschluss der Bild- und Textverarbeitung durchführen, erweckt es den Anschein, als ob sie es möglich machen, dass Menschen sich miteinander austauschen; in Wahrheit aber kommunizieren sie – von uns unerkannt – mit sich selbst.

Im weiteren Verlauf der Ausstellung stößt man auf drei auf dem Boden freistehende Lenkräder, bei denen das Hauptmotiv der Mobiltelefon-Konstruktion erneut anklingt, allerdings mit einer Variation. Zwei der Lenkräder (*Orbuculum I* und *Orbuculum II*) liegen auf ihrer Unterseite, wohingegen das dritte (*Orbuculum III*) umgedreht auf der Oberseite nach unten auf einem Spiegel liegt, der genau dem Umfang des Lenkrades entspricht. Dieses Wechselspiel zwischen Gesten des Zeigens und des Sehens verführt den Betrachter dazu, sich mit dem neu entstandenen Doppelleben des Objekts auseinanderzusetzen, das ursprünglich nur für uns da war, sich nun aber zunehmend in sich selbst zurückzieht. Die Frage der technologischen Verlängerungen wird hier mit hoher Eindringlichkeit wiederaufgenommen: Es geht um eine Verlängerung, aber wohin führt sie? Dinge, die nach dem „Maß des Menschen" erschaffen wurden, sind nicht mehr nur auf die Verlängerung unserer körperlichen Dimension beschränkt; ihnen wird auch ein gewisses Ausmaß an eigenem Verstand zugebilligt, eine Intelligenz, die möglicherweise nicht an unserem Wohlergehen interessiert ist.

Die ersten Zeilen von J.G. Ballards Roman *Crash* von 1973 lauten wie folgt: „Vaughan ist gestern bei seinem letzten Autounfall gestorben. Während des Verlaufs unserer Freundschaft hat er seinen Tod in vielen Unfällen immer wieder durchgespielt, doch dies war sein einziger echter nicht mutwillig herbeigeführter Unfall. Er war wegen eines Überholmanövers auf der Gegenspur [...] als er mit seinem Wagen von der Fahrbahn der Überführung am Londoner Flughafen abkam und durch das Dach eines Busses stürzte, der voll mit Fluggastpassagieren besetzt war. Die Leichen

imparted with a measure of mind, an intelligence that might not be working in our best interest.

The opening lines of J. G. Ballard's 1973 novel *Crash* read: "Vaughan died yesterday in his last car crash. During our friendship he had rehearsed his death in many crashes, but this was his only true accident. Driven on a collision course [...] his car jumped the rails of the London Airport flyover and plunged through the roof of a bus filled with airline passengers. The crushed bodies of package tourists, like a hemorrhage of the sun, still lay across the vinyl seats when I pushed my way through the police engineers an hour later." The grisly scene is related with clinical precision, but what is perhaps most painful about

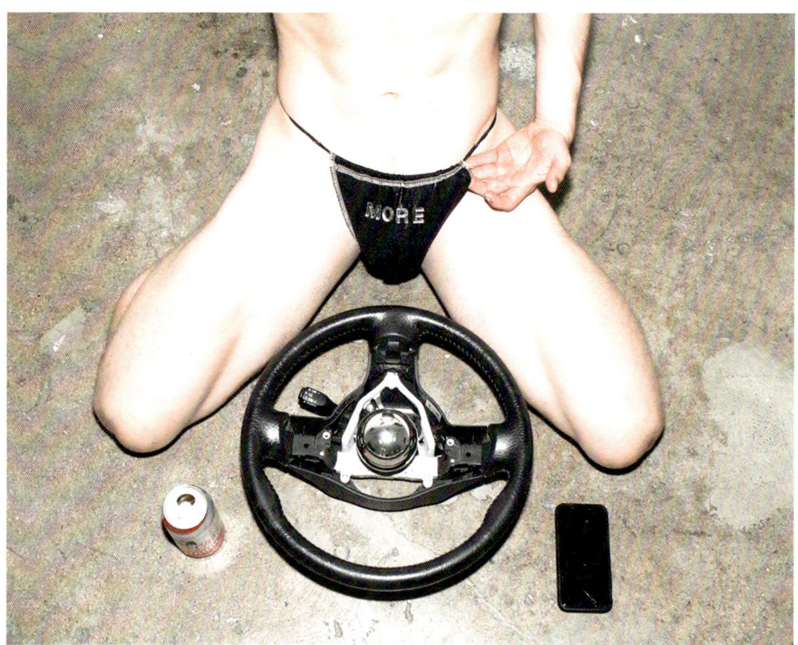

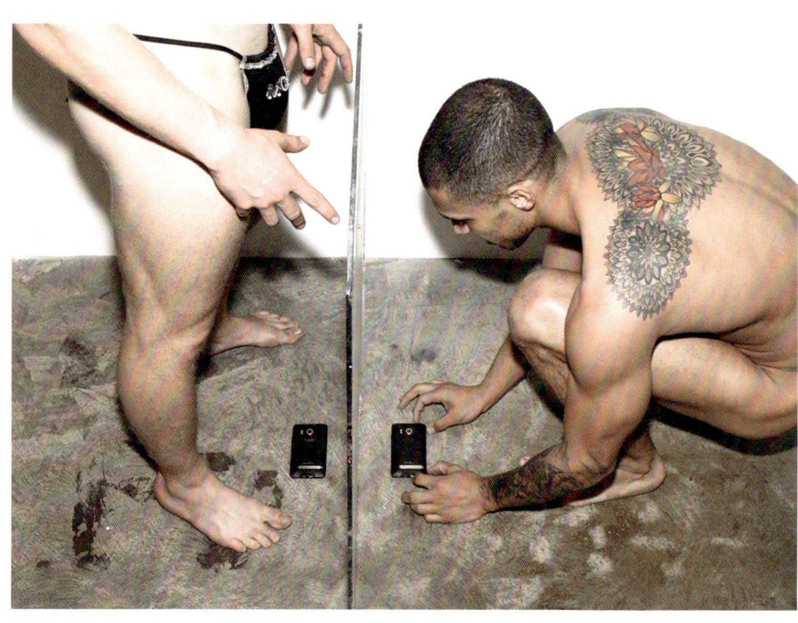

der Pauschaltouristen lagen – wie eine Blutung der Sonne – immer noch erdrückt in ihren Vinyl-Sitzen, als ich mir meinen Weg durch die Polizeibeamten bahnte." Diese entsetzliche Szene wird hier mit klinischer Präzision beschrieben, aber das schmerzhafteste an ihr ist doch vielleicht der Moment, in dem der Autor/Erzähler unvermittelt diese ungewöhnliche Metapher verwendet: Der Unfall ist „wie eine Blutung der Sonne". Diese Worte verleihen der Beschreibung, die eigentlich durch eine grobe, in den Eingeweiden empfundene Körperlichkeit bestimmt ist, eine kosmische Strahlkraft, die in noch höherem Maße Ekel provoziert, die dadurch fast unerträglich wird, die aber gleichzeitig und aus dem gleichen Grund Ehrfurcht einflößend wirkt. An die Vorstellung dieses verwundeten Sterns mag man sich in Bezug auf Echeverri Fernandez' Fotogramme vielleicht erinnert fühlen – als Gegenstücke zu den Assemblagen von Fahrzeugteilen, die ebenso einen niederträchtigen Schimmer absondern, der nichtsdestotrotz eine Andeutung von Transzendenz in sich trägt.

Dieser zwiespältige Effekt ist in erster Linie das Ergebnis des Prozesses, mit dem diese Arbeiten produziert werden. Ein Objekt wird auf einem lichtempfindlichen Papier unter einem Entwickler in einer Dunkelkammer platziert, anschließend wird das Papier kurz dem Lichtstrahl des Entwicklers ausgesetzt, dann wird von dem Objekt eine Aufnahme gemacht. Zugegebenermaßen ist das die Standardprozedur beim Fotografieren ohne Kamera, für sich genommen eigentlich nicht weiter erwähnenswert. Doch die Tatsache, dass sich das Foto über eine Berührung entfaltet und die Künstlerin wie blind in der Dunkelheit komponiert, ist vor allem dann besonders vielsagend, wenn das Objekt, auf das verwiesen wird, eine Windschutzscheibe ist. Im Verlauf des bildgebenden Prozesses unterläuft die Funktion der Windschutzscheibe eine Verwandlung in ihr Gegenteil: Ursprünglich wurde sie hergestellt, damit man durch sie hindurchsehen kann, doch nun wird sie nur an den Stellen als Bild sichtbar, an denen sie es geschafft hat, das Licht gerade nicht durchzulassen – nämlich an den Rissen an der Glasoberfläche. In der vertikal übereinander aufgehangenen Suite von fünf Prints, aus denen *So good so far* besteht, steht eine einzelne Windschutzscheibe im Mittelpunkt, welche mehrfachen Angriffen in der Dunkelkammer ausgesetzt war; sie wird hier in aufeinanderfolgenden Stadien der Zerbrochenheit gezeigt. Zwei gegenläufige Narrative eröffnen sich an diesem Punkt: Die Negation des eigentlichen Objektes tritt zum gleichen Zeitpunkt ein, in dem es bildnerische Präsenz gewinnt.

it is the moment when the author-narrator suddenly reaches out for that improbable metaphor: the accident is "like a hemorrhage of the sun." These words lend to the grossly physical, visceral nature of his description a cosmic radiance that is somehow more nauseating, almost unbearable, but at the same time and by the same token, awe-inspiring.

The image of this wounded star might be recalled in relation to Echeverri Fernandez's photograms, companion pieces to the assemblages of car parts, which likewise exude a vile glow that nevertheless hints at transcendence. This ambiguous affect is largely an outcome of the process by which these works are made. An object is placed atop light-sensitive paper underneath a developer in a darkroom, then the paper is briefly exposed to the developer's beam and the object's impression is taken. Granted, this is the standard procedure of camera-free photography, unremarkable in itself. However, the fact that it unfolds mainly by way of touch, the artist composing blindly in the dark, is especially suggestive when the referential object in question is a windshield. In the course of its picturing, the windshield undergoes a reversal of function: made to be seen through, it only becomes visible as an image in those areas where it has managed to block out the light — the cracks in its surface. In the vertically hung suite of five prints that comprise *So good so far*, a single windshield, which has been subjected to repeated assault in the darkroom, is shown in sequential states of fracturing. Two divergent narratives open out from this point, the negation of the actual object occurring simultaneously with its gaining pictorial presence. A kind of symmetry may be noted here between Echeverri Fernandez's sculptural and photographic works, and it has not only to do with the current of violence that runs through them both, but also an aspect of sensual proximity. In the actual (3D) and virtual (2D) worlds alike, impressions appear as the result of direct physical contact, a pressing together of surfaces and skins. One imagines the windshield breaking *into* the paper emulsion; the image then would be the record of an intimate exchange.

The cracks in the glass register on paper as web-like networks of white lines running through a gradient field of color, which transitions from purplish brown to cyan. Typically, these hues are dialed in to the developer and then modulated, with various dodging and burning implements, during the exposure. Echeverri Fernandez has explained that her palette relates to human interiors and to what spills out of them. In *So far so*

Man kann von einer Symmetrie von Echeverri Fernandez' skulpturaler und fotografischer Arbeit sprechen, mit dem leitmotivischen Strom der Gewalt hat das allerdings nichts zu tun; es ist vielmehr der Aspekt sinnlicher Unmittelbarkeit. In der wirklichen (3D) und in der virtuellen (2D) Welt erscheinen die Eindrücke als Resultat von direktem physikalischem Kontakt, einem Aufeinanderpressen von Oberflächen und Häuten. Man stellt sich vor, wie die Windschutzscheibe in die Papieremulsion einbricht; das Bildnis wäre dann eine Aufnahme eines intimen Austauschs. Die Risse in der Glasscheibe erscheinen auf Papier wie ein spinnennetzartiges Geflecht weißer Linien, die durch ein ansteigendes Feld aus Farben laufen, das von violett-braun bis zu kobaltblau verläuft. Üblicherweise sind diese Farbtöne im Entwickler ausgewählt und werden erst während der Belichtung moduliert, mit verschiedenen Werkzeugen zum Abwedeln und Brandmarkieren. Echeverri Fernandez hat erklärt, dass ihre Palette sich auf das Innere des Menschen bezieht und auf das, was aus ihnen herausströmt. In *So far so good I* könnte man beispielsweise einen Spritzer geronnenen Blutes erkennen, vor dem silbrigen Hintergrund eines klaren Himmels.

In der anderen Fotogramm-Serie, die in der Ausstellung zu sehen ist, sind die chromatischen Assoziationen noch kruder, hier wird auf die Entleerung von Darminhalten und Blasen angespielt. Aber auch hier ist das Element des Himmels mit dem Element von Exkrementen vermischt, als Kontrapunkt, indem es eine gegenläufige Vision einer Erde entstehen lässt, die zur Goldenen Stunde von Sonnenstrahlen gewärmt wird. Hier handelt es sich bei den verwendeten Objekten um fluoreszierende Röhren, aber solche, die nahezu bis zur Unkenntlichkeit zerschmettert wurden. Ihre splittrigen Überreste sind in Reihen gefegt, die – im Rahmen dieser Bildvorstellung – Linien aus Kokain ähneln oder auch genetischen Sequenzen. Die komplexeren Kompositionen mögen vielleicht sogar an eine besondere Art obszöner piktografischer Symbologie erinnern, fortschrittlich und archaisch zugleich. In diesen unbewegten Bildern erloschenen Lichts scheint doch etwas vonstattenzugehen: Der Prozess der Fotogramme wird durch eine alchemistische Perspektive angereichert, als ob es sich dabei um ein Mittel des Energieaustausches handeln würde. Unterhalb des Strahls des Entwicklers formen sich die verstreuten Elemente des fixierten toten Lichts neu und werden so erneut zum Leuchten gebracht. Das Ergebnis ist eine strahlende Wucherung, in gleichem Maße ehrfurchtgebietend und erbärmlich. Eine „Blutung der Sonne" – aber falls Ballards

good I, for instance, one might see a wash of clotting blood against a sliver of clear sky. In the other series of photograms included in the show, the chromatic associations are cruder still, inclining toward the discharge of stomachs and bladders. But, once again, a celestial element is mixed in with the excremental, opposing it, and giving rise to counter-visions of earth gently raked by sunrays at the golden hour.

Here, the objects represented are fluorescent tubes, but ones that have been crushed almost beyond recognition. Their splintered remains are swept into rows that, within the space of the image, resemble lines of cocaine or else genetic sequences. As the arrangements grow more complex, they might even begin to suggest some kind of obscure pictographic symbology, at once archaic and advanced. In these unmoving pictures of extinguished lights, something nevertheless appears to be happening: the photogram process gains an alchemical angle, as though a means of energy transfer. Underneath the developer's beam, the scattered parts of the dead light fixtures regroup and are reignited. The outcome is luminescent excrescence, sublime and abject in equal proportion. A "hemorrhage of the sun" — if Ballard's words are too strong for what we are shown here, let's take them down to a whisper, a tone more befitting this micro-apocalypse of broken bulbs, glass shards, fluorescent dust and light emittance.

Front-loaded experience produces a backlog. This is especially evident in the event of a car crash, where the two processes occur instantaneously and with added force. If the accident has not proven fatal, what has already happened will happen again; it will be relived — repeatedly and in often startling detail — by the survivor. The traumatic incident is "worked through" in this way. Psychic contents that threaten the equilibrium of the body are digested and expelled through reflexive replay. A somewhat comical allusion to these psycho-physiological operations can be made out in *Velocity Quotation II*, which consists of a steering wheel and a toilet plunger, attached by a very long pipe. Positioned along a stretch of the walkway between the various rooms of MaRS, this work lent the show a resounding note of levity. But it also raised a difficult question: Which end points forward and which end points back? What might seem obvious at first glance is not so on the second. Moreover, the confusions engendered by this work cannot be confined to it, nor even to the exhibition on the whole; they have a much wider purchase on our perceptions of the contemporary thing-world.

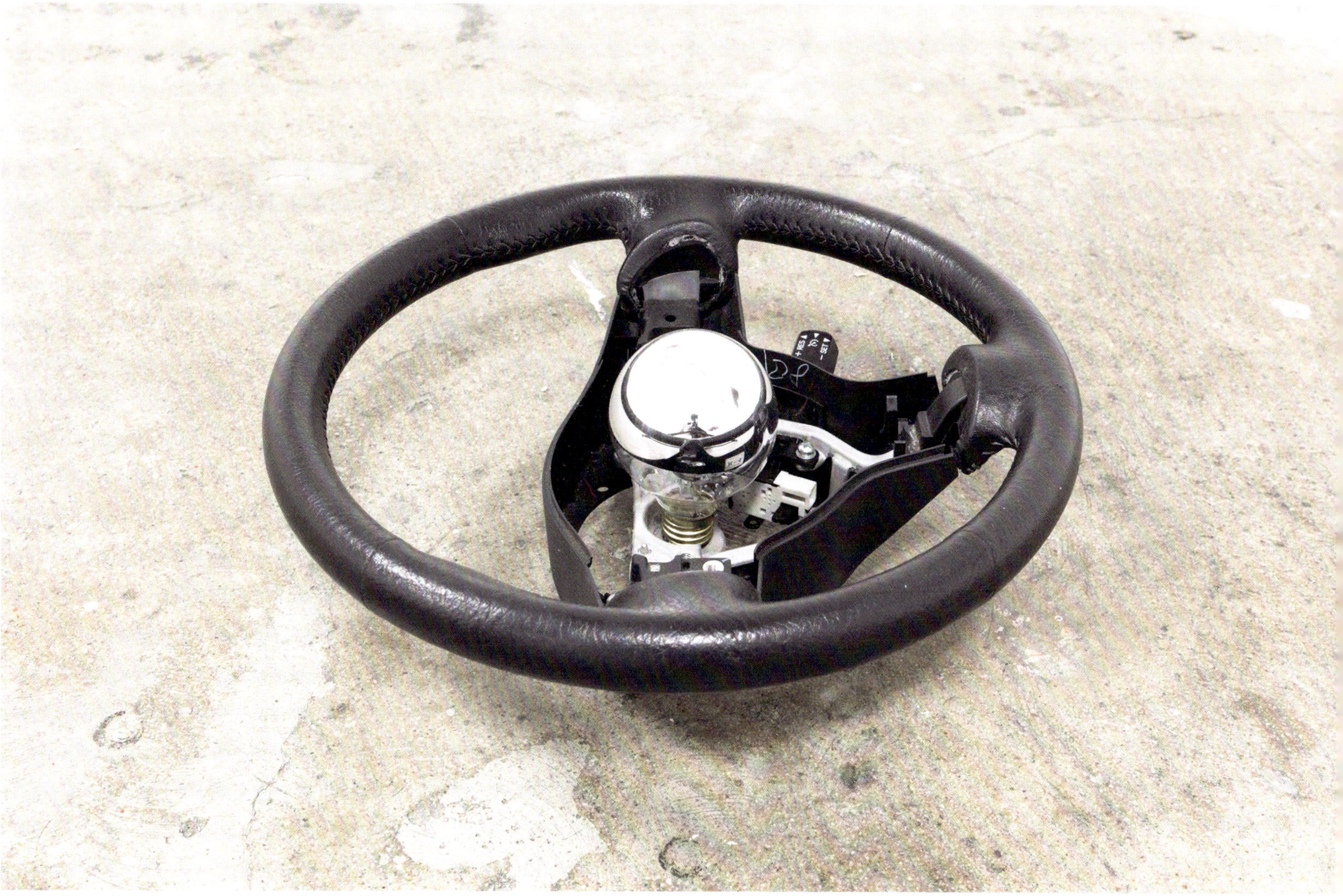

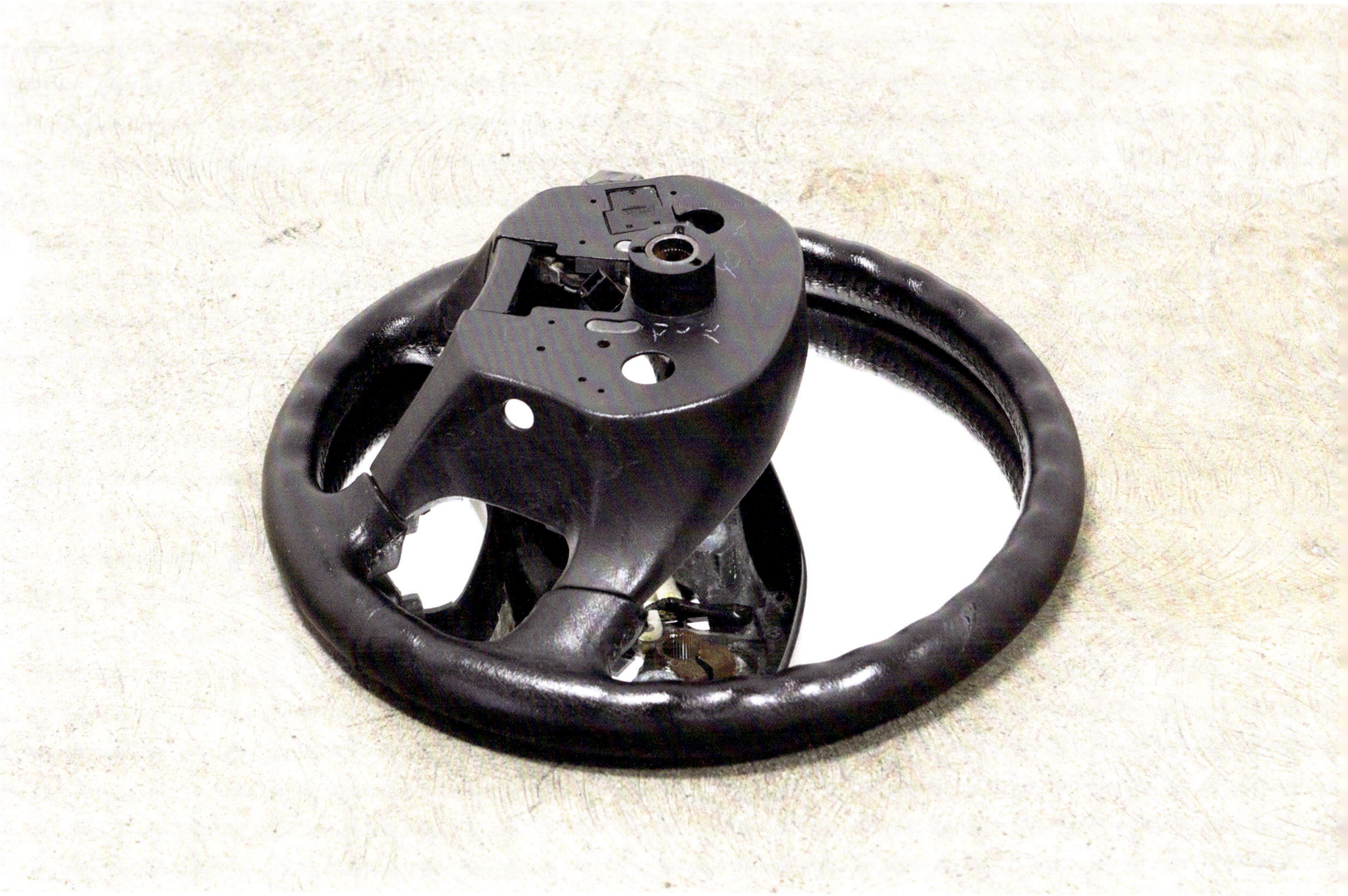

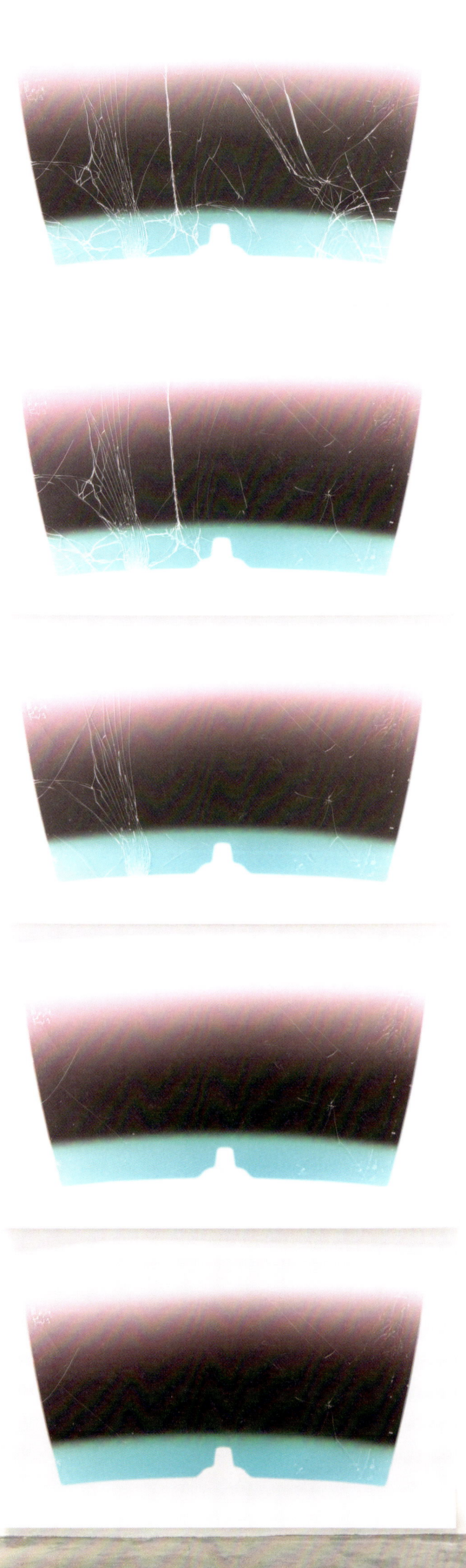

Worte zu vehement sein sollten für das, was uns hier gezeigt wird, erlauben wir uns sie zu einem Flüstern zu reduzieren, zu einem Tonfall, der dieser Mikro-Apokalypse aus zerbrochenen Glühbirnen, Glassplittern, fluoreszierendem Staub und Lichtaustritten angemessener erscheint.

Auf eine Begegnung an der Vorderseite folgt ein Rückstau. Das wird vor allem bei einem Autounfall deutlich, bei dem die beiden Prozesse verzögerungsfrei und mit zusätzlicher Kraft erfolgen. Wenn der Unfall sich nicht als fatal erweisen sollte, so wird das, was bereits passiert ist, erneut passieren; es wird wieder erlebt werden – immer wieder und in oft schockierenden Entgleisungen. Der traumatische Vorfall wird so „verarbeitet". Psychische Inhalte, die das Gleichgewicht des Körpers bedrohen, werden verdaut und durch erneutes reflexives Durchspielen ausgestoßen. In *Velocity Quotation II* kann man auf gewisse Weise komödiantische Anspielungen auf diese psycho-physiologischen Vorgänge ausmachen, bei einem Werk, das aus einem Lenkrad und einem Toilettensaugnapf besteht, der auf ein sehr langes Rohr aufgesteckt ist. Diese Arbeit ist entlang eines Teils des Laufgangs zwischen mehreren Räumen positioniert und verleiht der Ausstellung eine intensiv nachklingende Leichtigkeit. Das Werk wirft aber auch eine komplizierte Frage auf: Welches Ende ist vorne und welches hinten? Was zunächst ganz offensichtlich wirkt, erscheint auf den zweiten Blick weniger eindeutig. Die Verwirrung, die von diesem Werk ausgeht, lässt sich überdies nicht auf das Werk selbst beschränken, nicht einmal auf die Ausstellung als Ganzes; diese Verwirrung hat einen sehr viel weitergehenden Einfluss auf unsere Wahrnehmung unserer zeitgenössischen Welt der Dinge.

Die Vorderseite eines Wagens ist der Teil, der sich vorwärts bewegt; das lässt sich schon an der Frontseite des Fahrzeugs ablesen mit den uns bekannten Erkennungszeichen der Frontscheinwerfer und des Kühlergrills. Auf der Rückseite befindet sich der Kofferraum, der „Hintern" – diese begriffliche Vorstellung korrespondiert mit unserem eigenen „Hinterteil". Doch die Verortung von Autoteilen, wenn man sie einmal von dem anthropomorphischen Gerüst loslöst, lässt sich gar nicht so leicht festlegen. In der Repräsentation als Kunst könnte man sagen, dass die Vorderseite eines jeden derartigen Objekts ganz einfach nur die Seite ist, die dem Betrachter zugewandt ist, und doch ist es exakt diese besondere Art der gesichtsbezogenen Zugewandtheit, die hier durchgängig hintertrieben wird. In den Arbeiten von Echeverri Fernandez sind sämtliche Objekte januskӧpfig, sie haben immer zwei Gesichter. Die

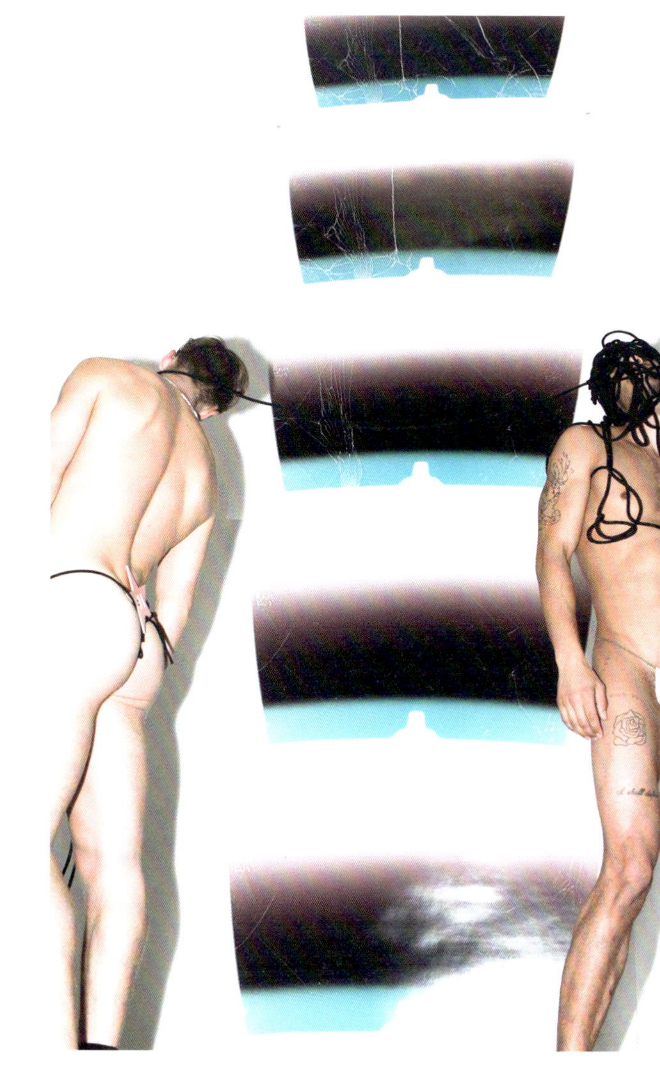

The front end of a car is that which moves forward; we recognize it by its familiar face of headlights and grill. In the back is the trunk, the "caboose" — terms we sometimes apply to our own rear ends. However, the orientation of car parts, once detached from this anthropomorphic armature, is not so easy to determine. Re-presented as art, one could say that the front of any such object is simply the side that faces the viewer, yet it is precisely this quality of "facing-ness" that is consistently thwarted here. In Echeverri Fernandez's works, every object is presented as two-faced. The cellphones in *Door Sell* framed the problem at the entrance to the show. They both lie on their screen sides, but this does not necessarily mean that they lie face down. Their camera eyes are exposed, pointing upward — one eye, two eyes, three eyes that meet our gaze. Likewise, the steering wheels in *Orbuculum I-III* appear to look up and then down, outward and in. But this is only because of the mirror that has been added into their relation. In its absence, no final call could be made as to which side of a steering wheel actually constitutes its facing front.

Mobiltelefone in *Door Sell* umreißen dieses Problem bereits ganz zu Beginn der Ausstellung. Beide Geräte liegen auf ihrem Display, was aber nicht zwangsläufig bedeutet, dass sie auf dem „Gesicht" liegen. Ihre Kameraaugen liegen frei, sie sind nach oben gerichtet – ein Auge, zwei Augen, drei Augen, die unseren Blick einfangen. Genauso verhält es sich mit den Lenkrädern in *Orbuculum I-III*, sie scheinen nach oben zu schauen, dann nach unten, nach außen und nach innen. Dieser Effekt wird allein deswegen erzielt, weil dieser Beziehung ein Spiegel zugefügt wird. Ohne dessen Anwesenheit wäre es unmöglich zu sagen, welche Seite eines Lenkrades letztlich die Vorderseite darstellen solle.

Die Form der Skulptur *Twin Serpent* beschwört weder die Vorstellung eines Fahrzeugs noch die eines menschlichen Körpers, sondern vielmehr die Vorstellung einer Schlange, also einer Kreatur, die exemplarisch für das Prinzip der Verlängerung steht, in all seiner ihm innewohnenden Ambivalenz. *Heads or tails*, sagt man im Englischen, also „Kopf oder Schwanz" – oder besteht diese Figur möglicherweise nur aus einem Schwanz, einem langgezogenen Verdauungstrakt; oder handelt es sich hier um eine besondere Form des Kopfes, handelt es sich hier um einen ausladenden, langgezogenen Schlund? Als ein Emblem morphologischer Unbestimmbarkeit und Borderline-Psychologie taucht diese Schlange, wenn sie einmal gesichtet wurde, immer wieder auf, an allen möglichen Orten. Der sich selbst scannende Autositz ist wie bereits erwähnt von einem Schlangenhautmuster umfasst, ebenso wie das Motorrad in der Arbeit *Twin Serpent*, welches bezeichnenderweise das einzige Fahrzeug in der ganzen Ausstellung ist, das in seiner Ganzheit ausgestellt ist. Lädiert und beschädigt, aber reparabel, so steht es – sich häutend – an der Schwelle zwischen Tod und Wiedergeburt. Die gewundenen Inschriften der ins Rutschen gekommenen Reifen auf Asphalt und die winkligen Risse, welche sich durch das zerbrochene Glas ziehen, sind ebenso wie Serpentinen – schlangenartig. Und wir hinterlassen bei der Nutzung unserer Mobiltelefone die gleichen Zickzack-Bewegungen und Arabesken auf dem Display, während wir auf dem „Super-Highway", auf der Datenautobahn Informationen auf der Spur sind. Die menschliche Hand, das erste menschliche Glied und Anhängsel einer Verlängerung, gerät in Schwingung, wenn man bis fünf gezählt hat, doch darunter multiplizieren sich die Ziffern ins Astronomische. Um in diese lichtdurchlässige, kristalline Welt zu gelangen, müssen wir unsere Körper zurücklassen, ohne allerdings jemals ihre blassen Spuren und

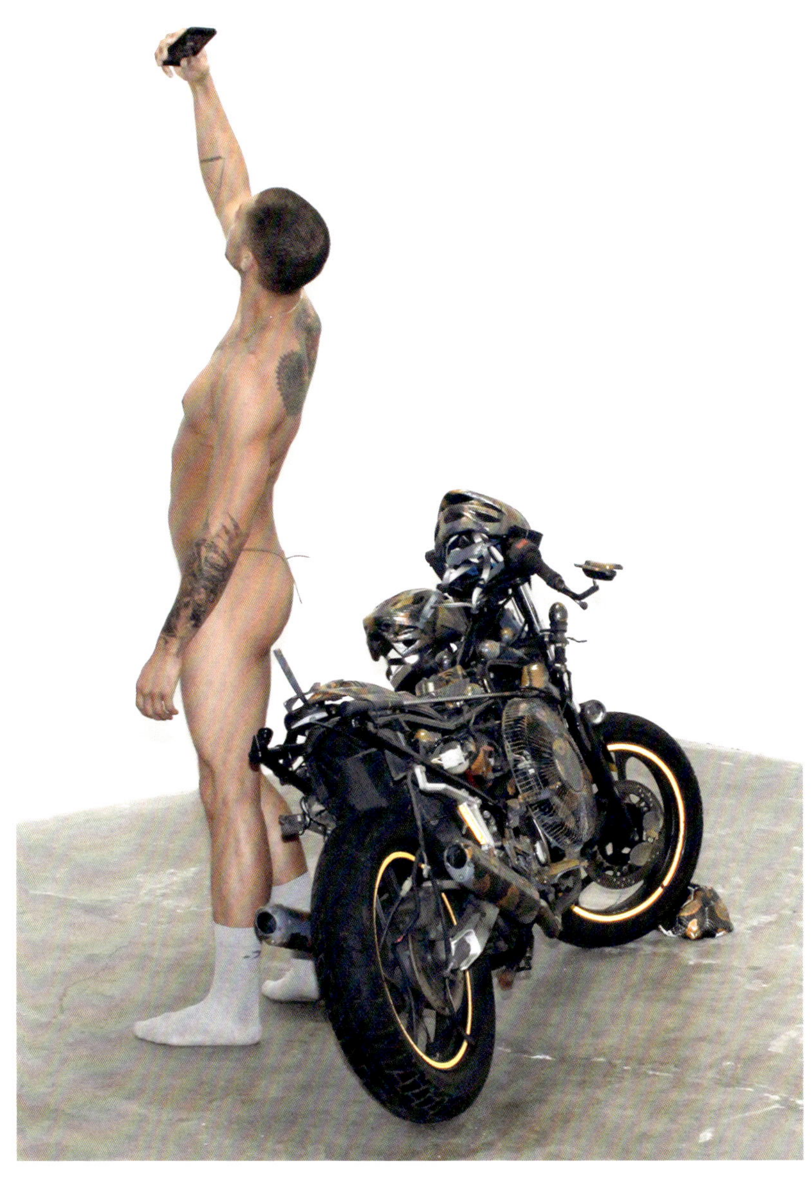

The form of *Twin Serpent* evokes neither a car nor a human body so much as a snake, a creature that can be seen to exemplify the principle of extension in all its inherent ambiguity. Heads or tails — is it perhaps all tail, one long digestive tract, or all head, just a projecting mouth? An emblem of morphological indeterminacy as well as borderline psychology, this snake, once it has been spotted, reappears everywhere. The self-scanning car seat is wrapped in a snakeskin pattern, as mentioned, and so is the motorcycle featured in *Twin Serpent*, which is tellingly the only actual vehicle in the show, presented whole. Damaged but repairable, it stands on the threshold of death and rebirth, molting.

The sinuous inscriptions of skidding tires on asphalt and the angular fissures that spread throughout shattering glass are equally serpentine. Now these same zigzags and arabesques can be made out in the slimy trails deposited by

Reflexionen auf der Displayoberfläche aus den Augen zu verlieren. Hier an der Schnittstelle, dem *Interface*, also dem „Zwischengesicht" (Was ist die Vorderseite, was die Rückseite?) werden menschliche Hautzellen eingetauscht gegen strahlende elektronische Zellen im Display des mobilen Endgeräts. Die Schlange, unser altes Totem-Tier, erhält ein Upgrade und wird zu einem digitalen Avatar. Seine Tanzspuren sind Warnsignale, die auch das Versprechen von Schutz verheißen, eine Prise antiken Impfstoffes gegen zukünftige Desaster in einer Sphäre aus Hochgeschwindigkeitsverbindungen und sich einengender Dimensionen, der permanenten Bedrohung durch einen informationellen Zusammenbruch ausgeliefert, einem Crash der anderen Art.

our fingers on touchscreens, as we navigate the information "superhighway." The human hand, the first appendage of extension, falters at the count of five, whereas underneath it the digits multiply astronomically. To pass into this translucent, crystal world, we must leave our bodies behind, but without ever losing sight of their wan traces and reflections on the screen surface. At the point of interface — what is its facing side? — human skin cells are traded for radiant electronic in-cells. The snake, our old totem animal, is upgraded into a digital avatar. Its dancing lines are danger signs that also withhold the promise of protection, a dose of ancient inoculation against future disaster in a realm of high-speed connection and narrowing dimensions, continually threatened by information crash.

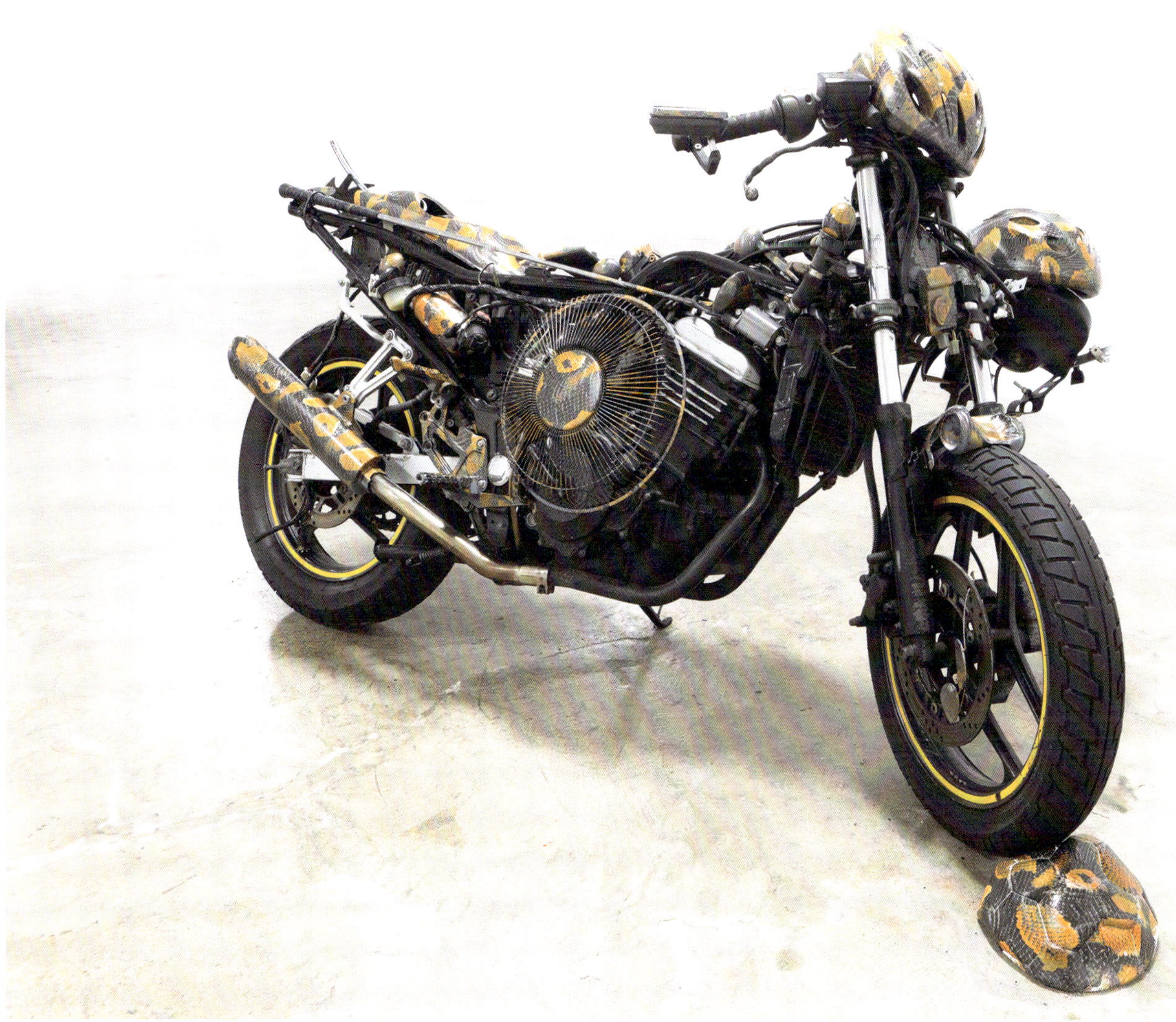

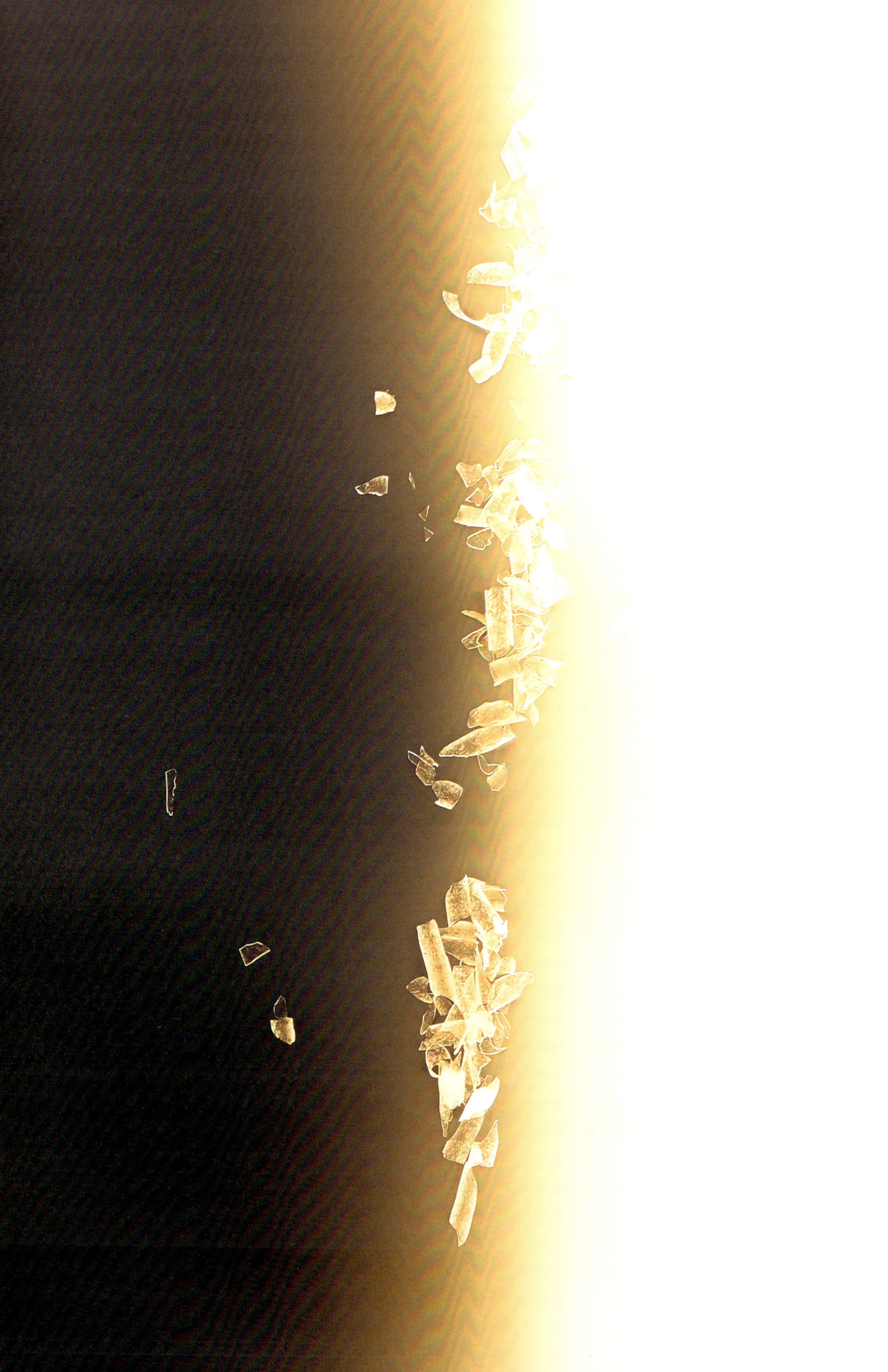

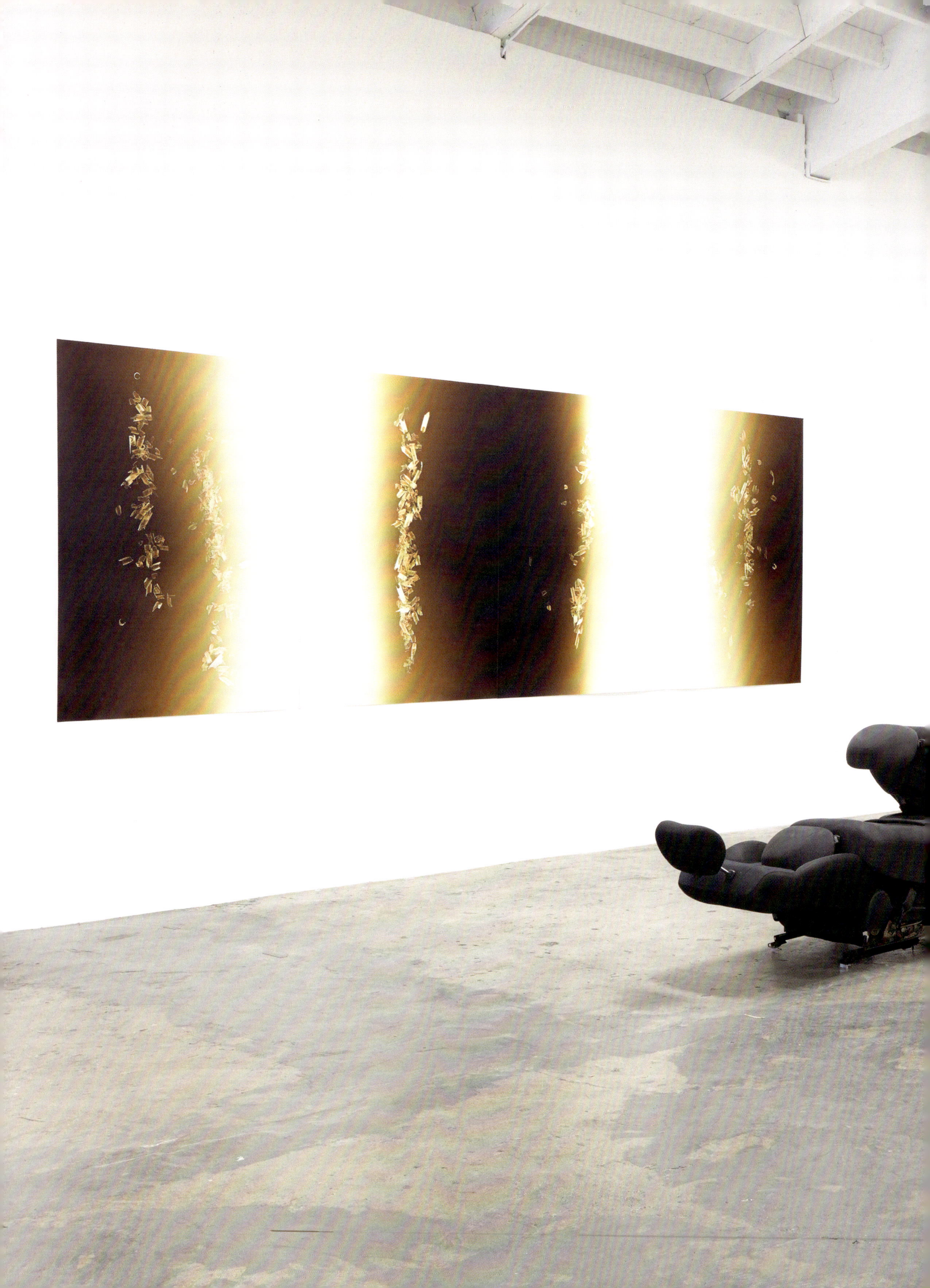

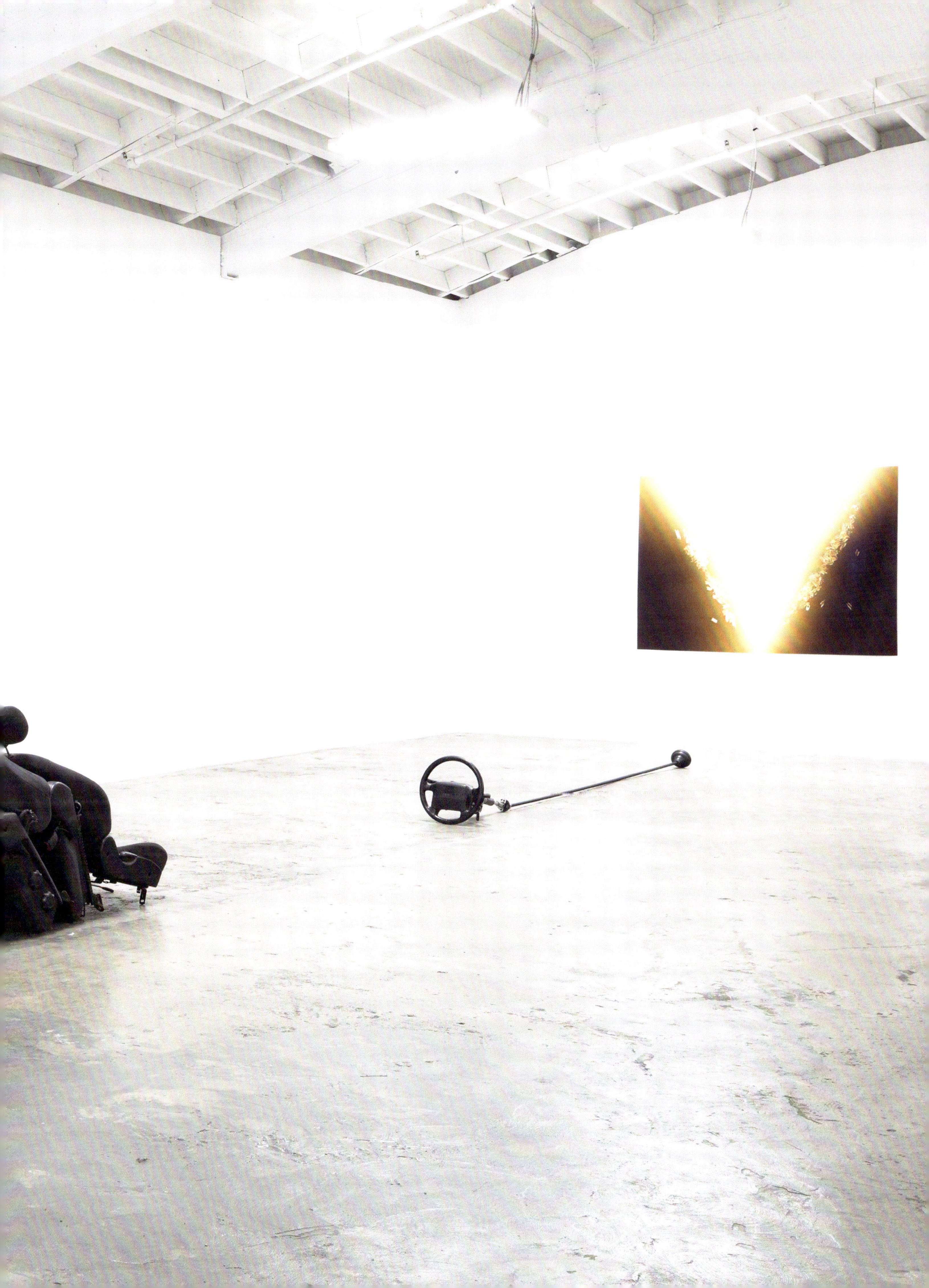

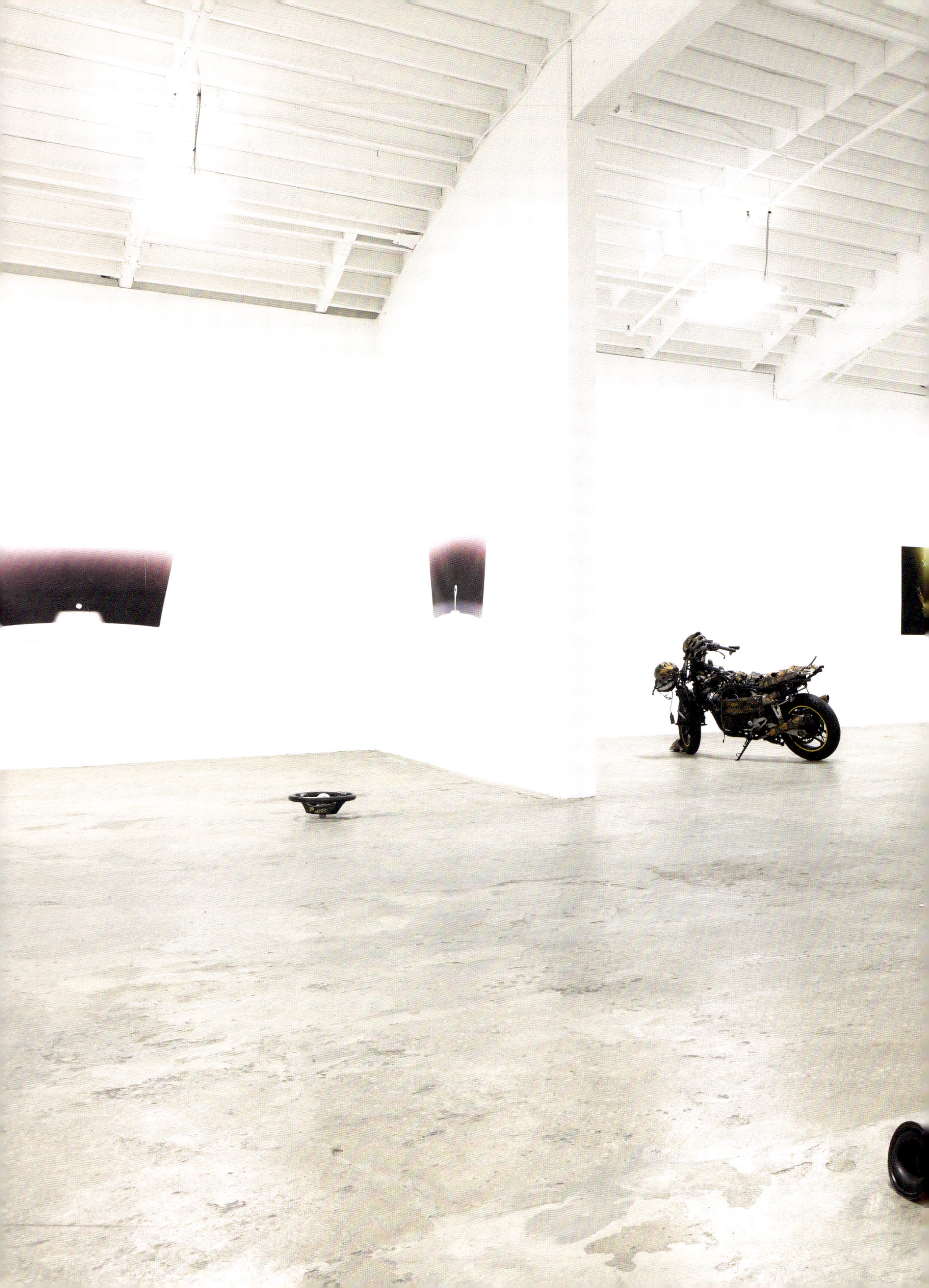

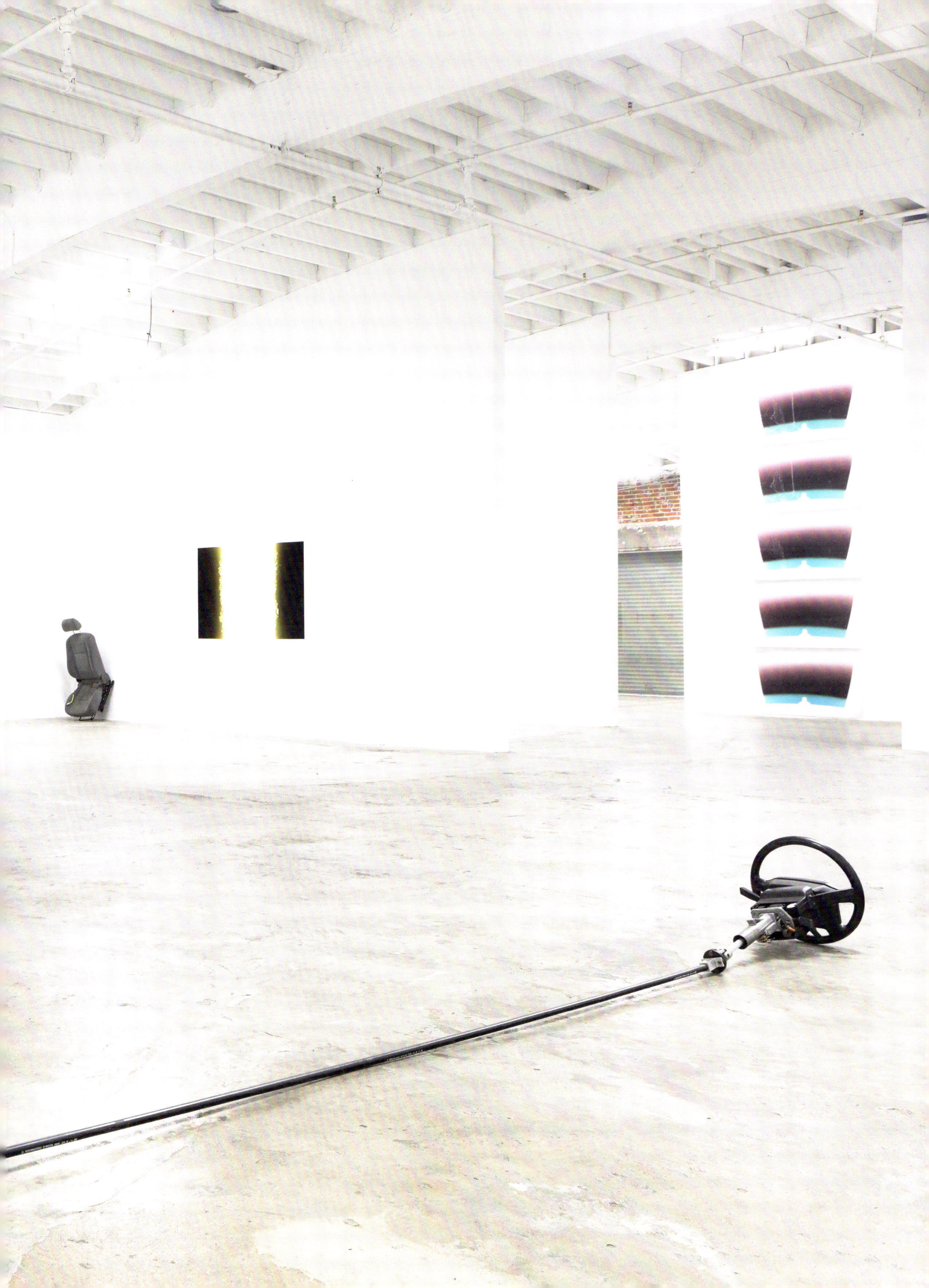

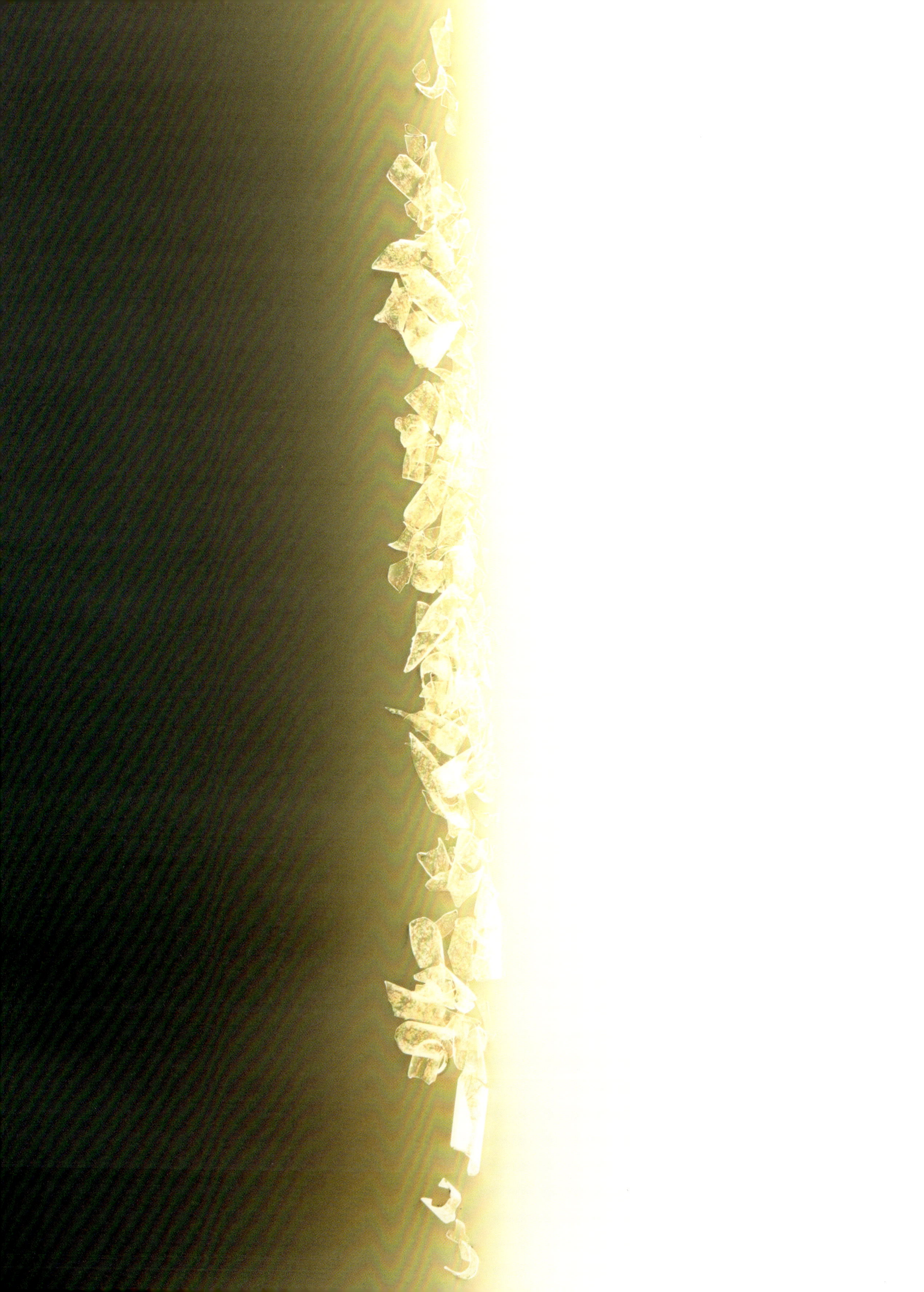

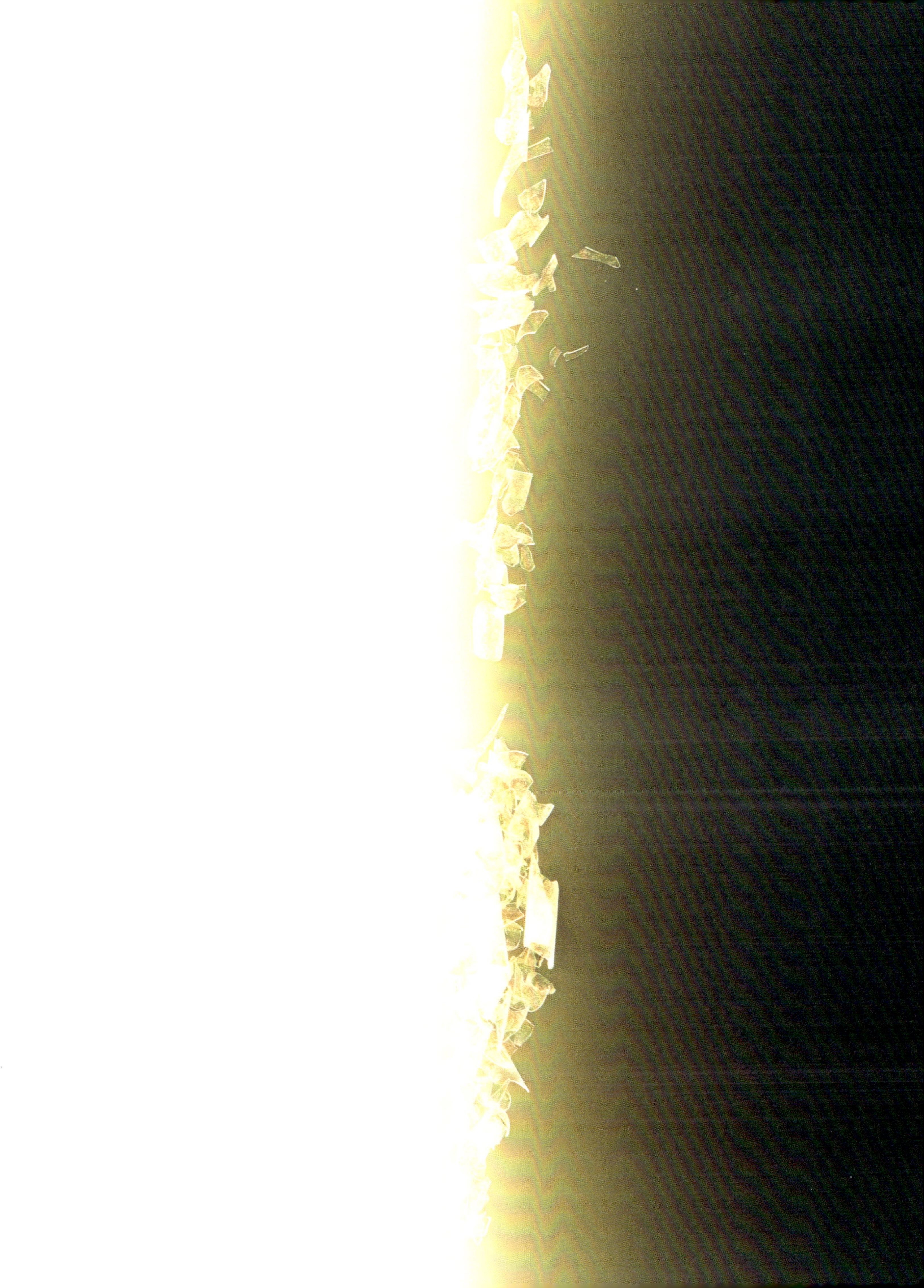

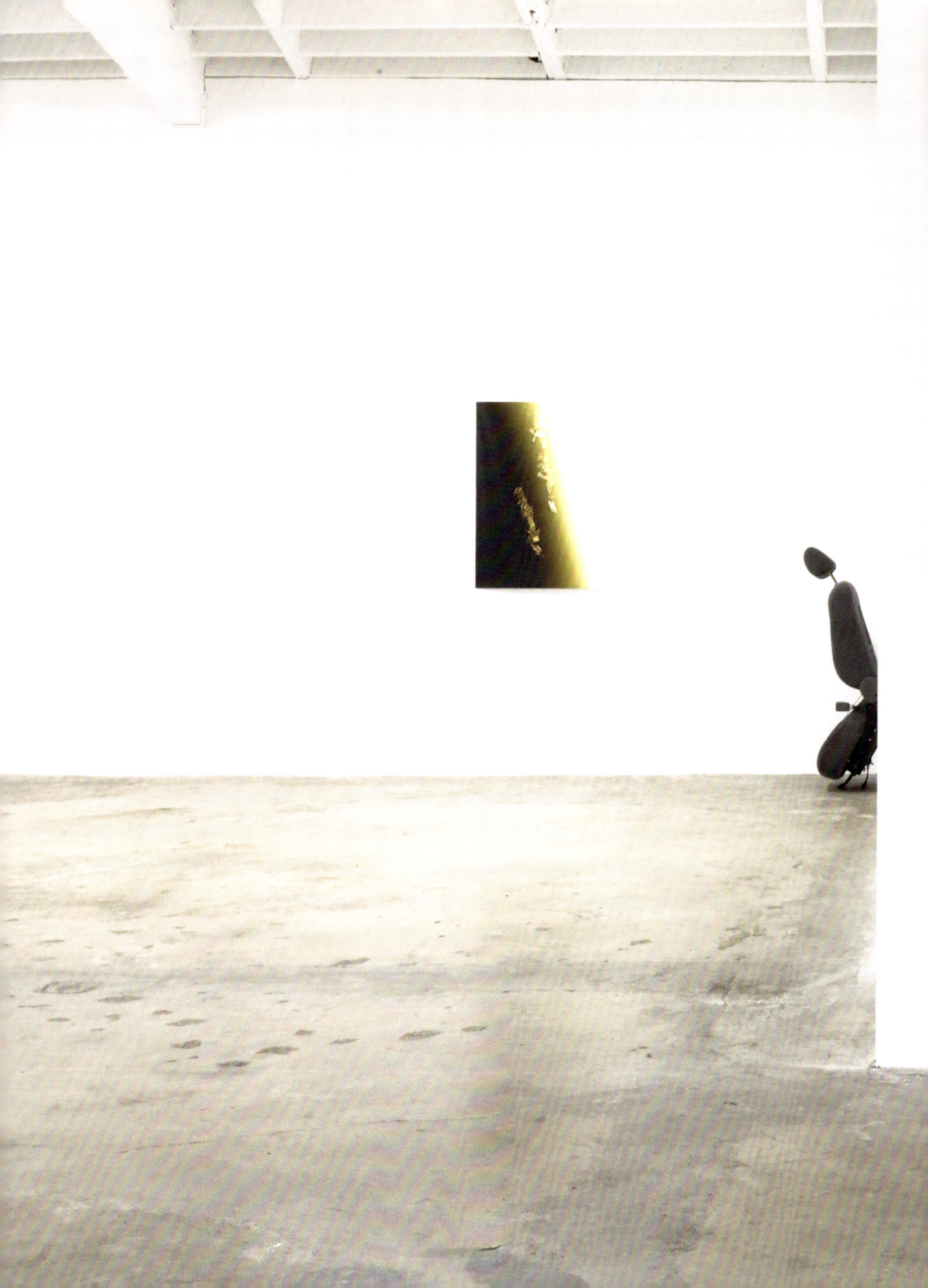

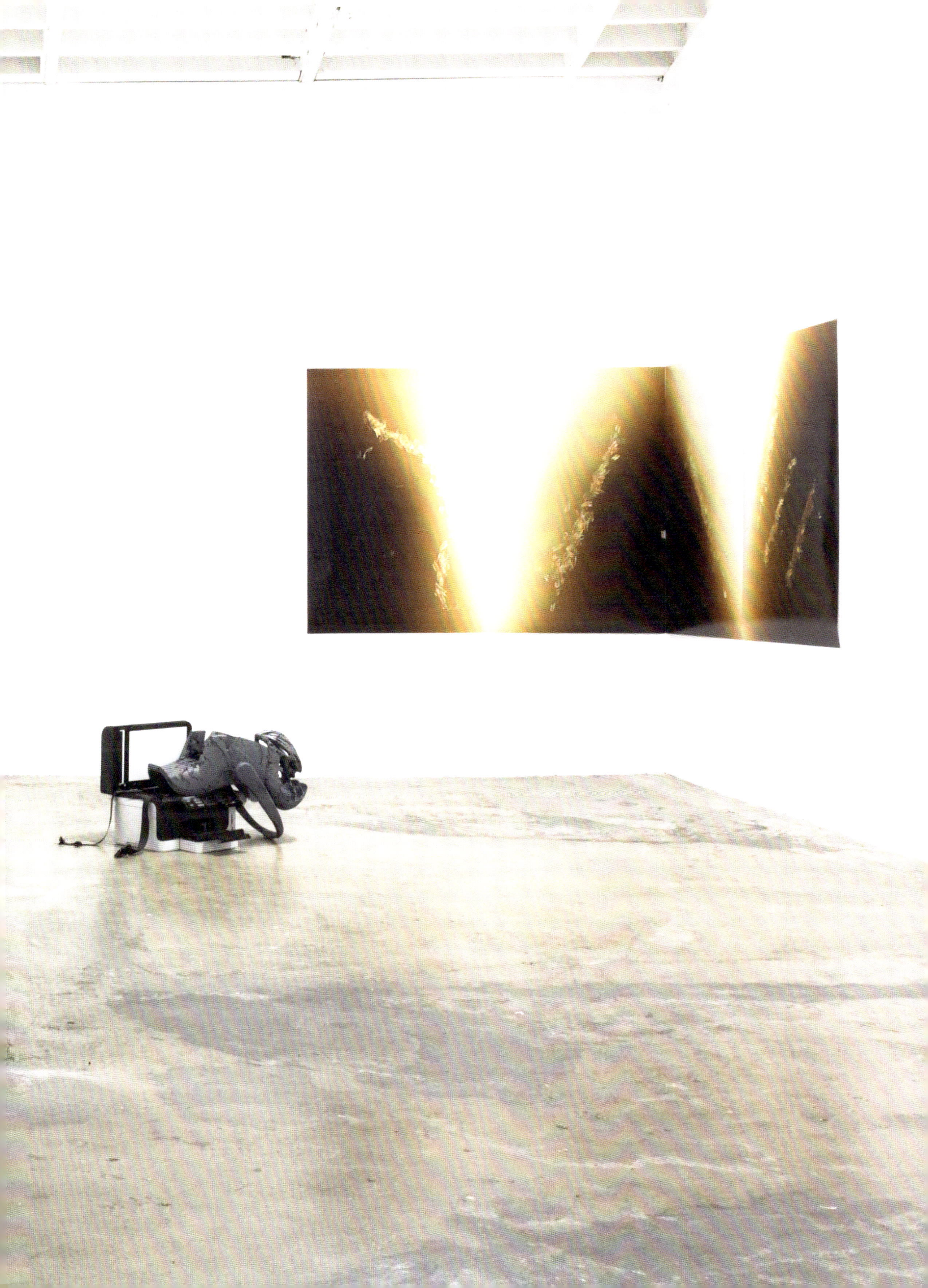

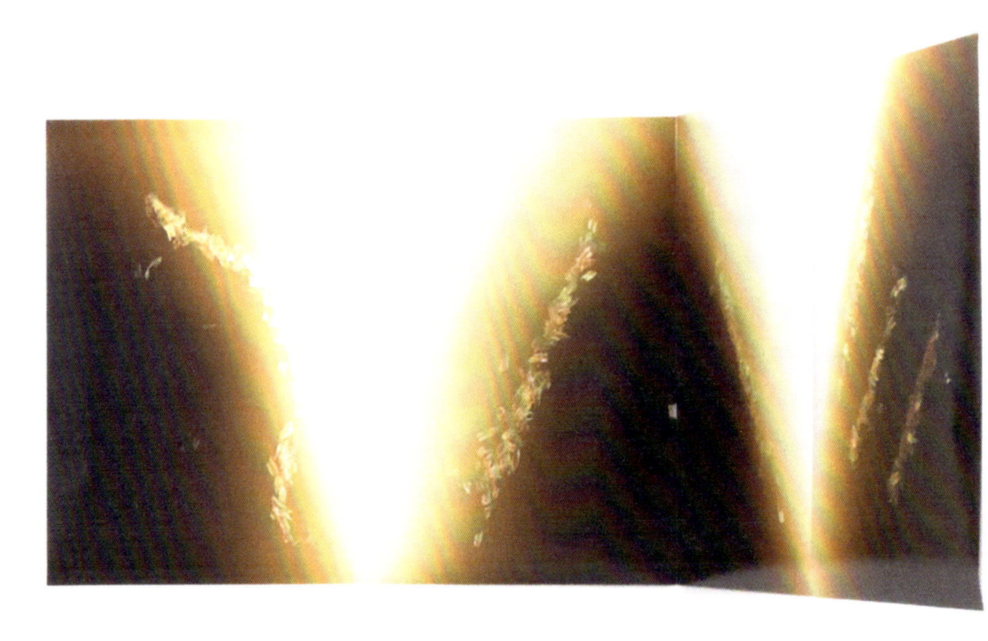

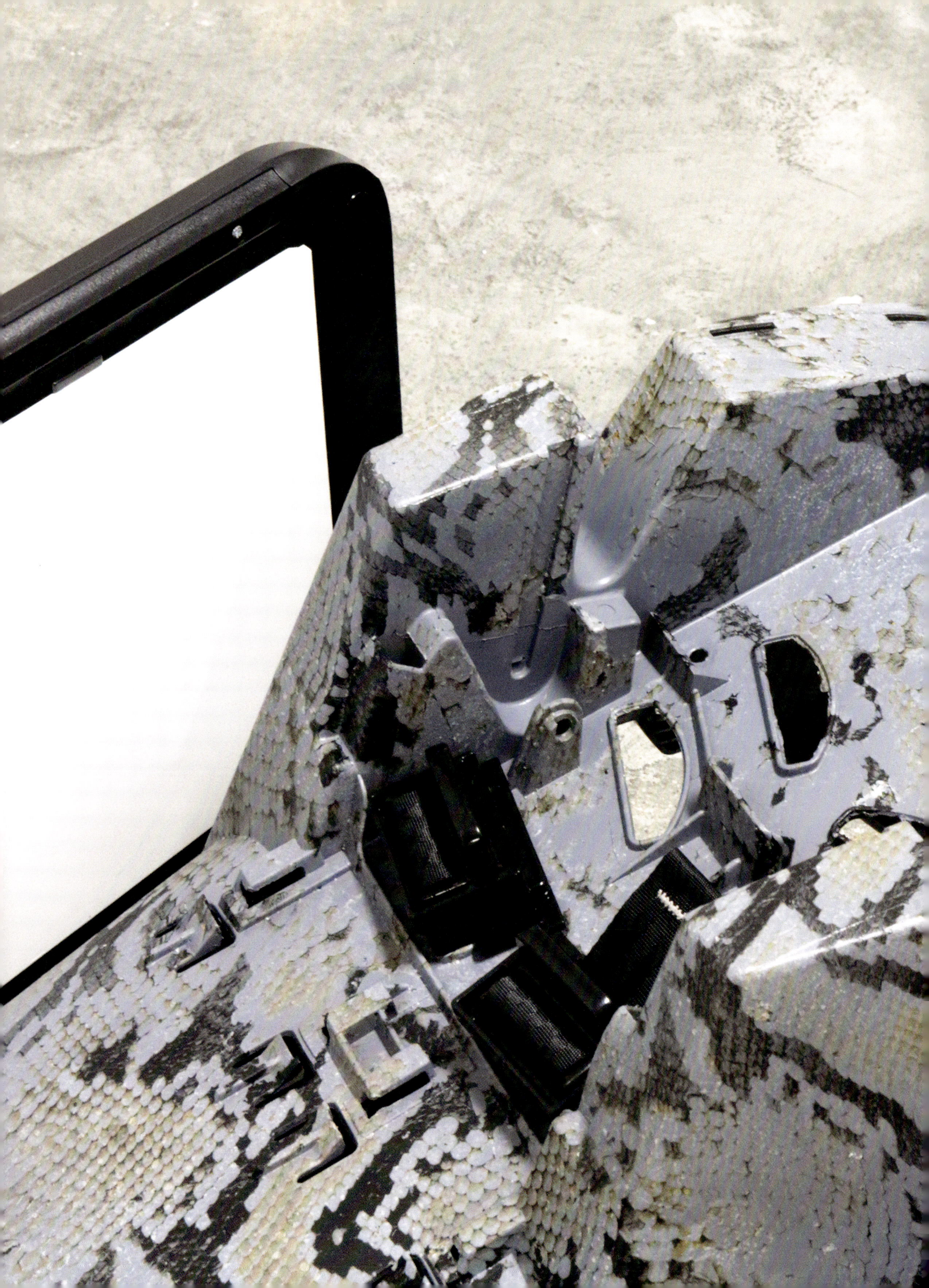

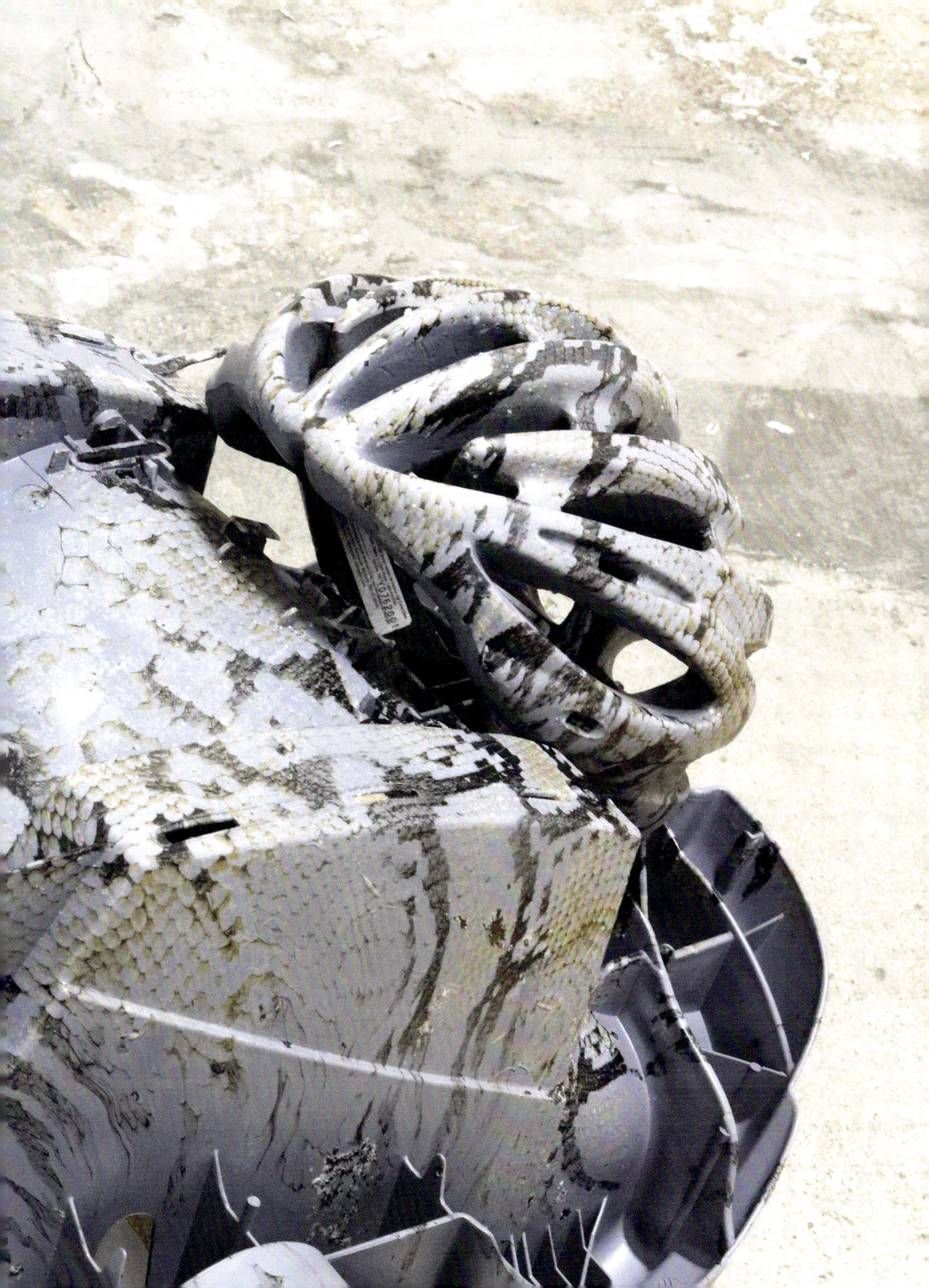

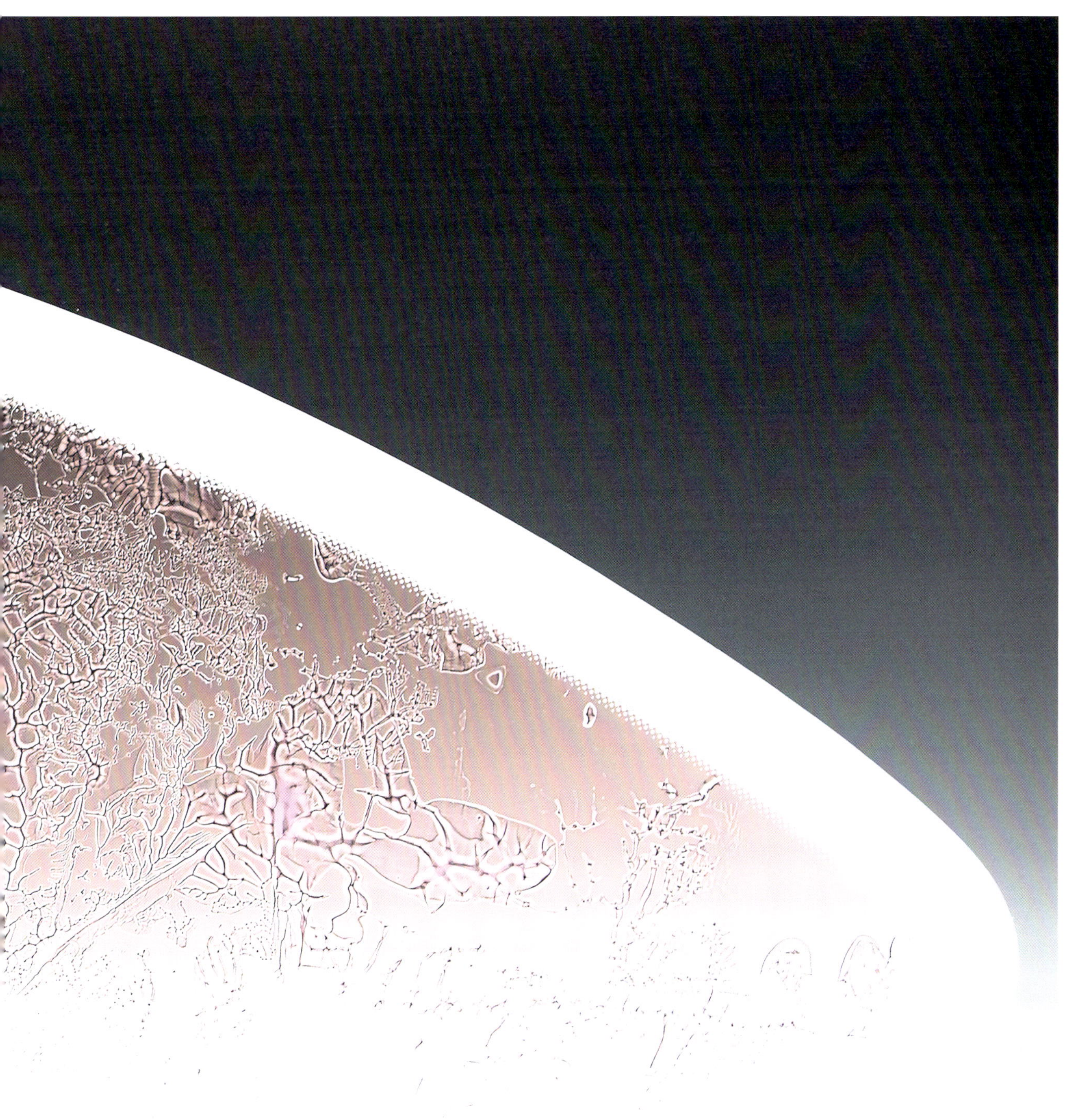

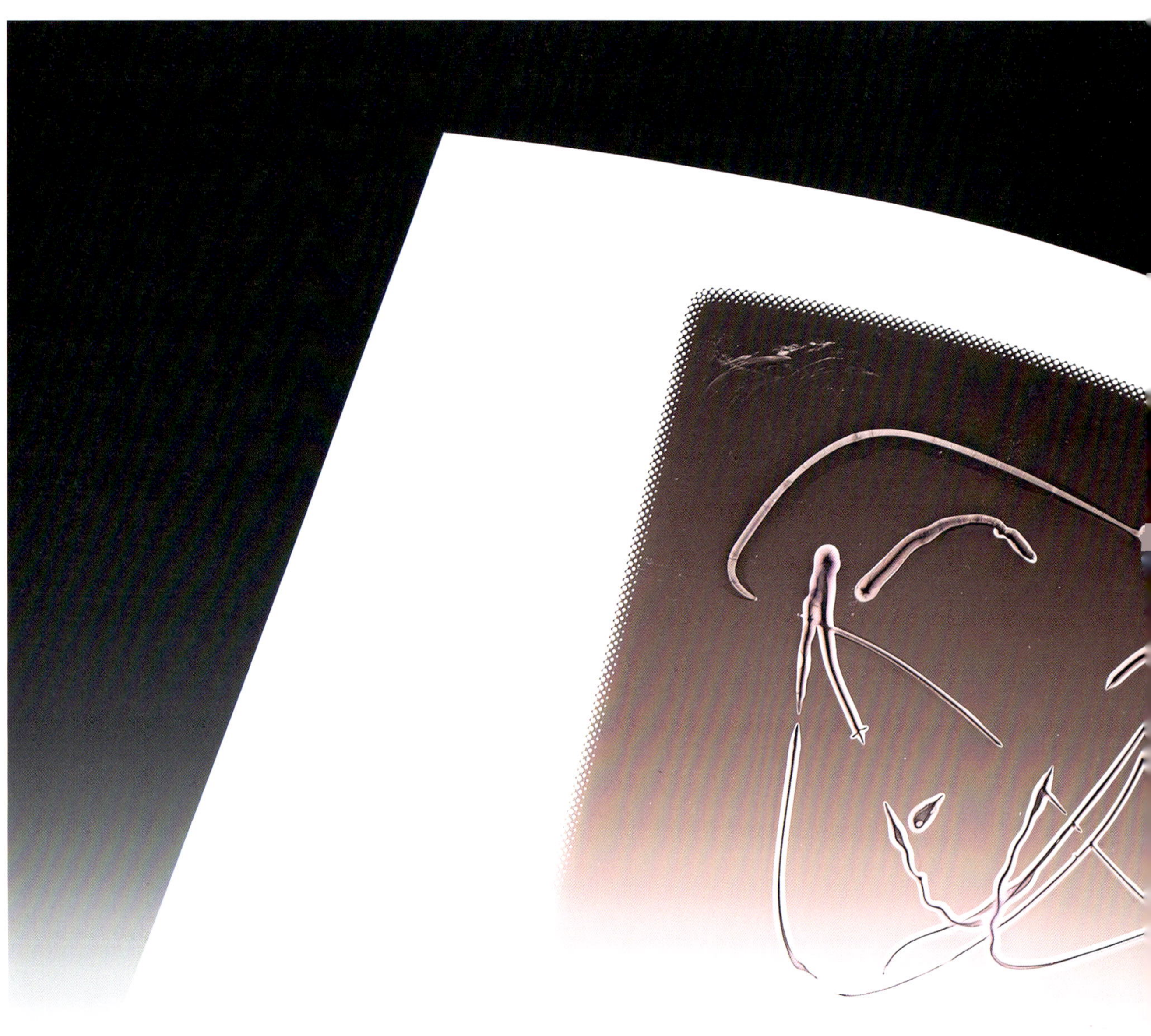

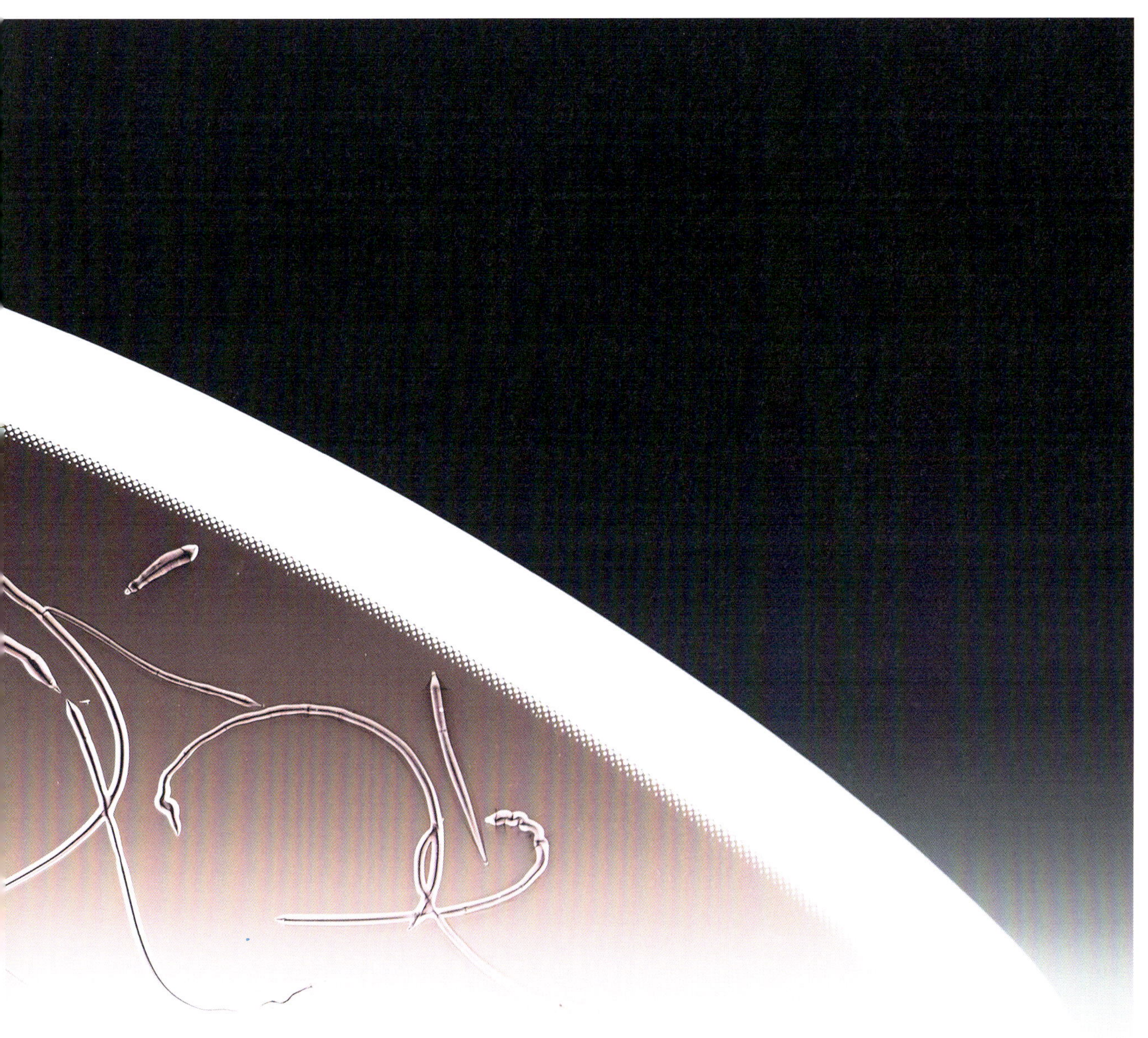

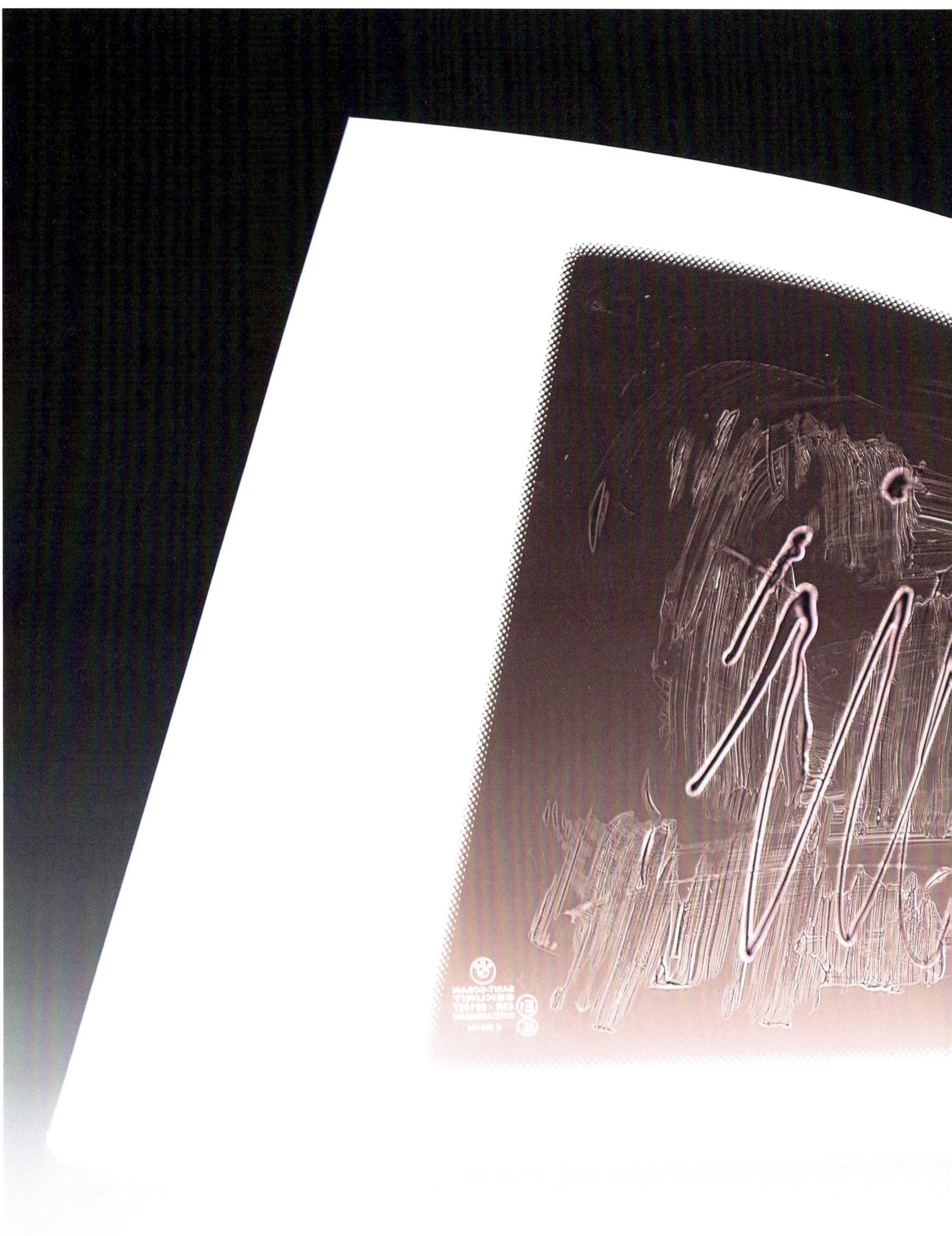

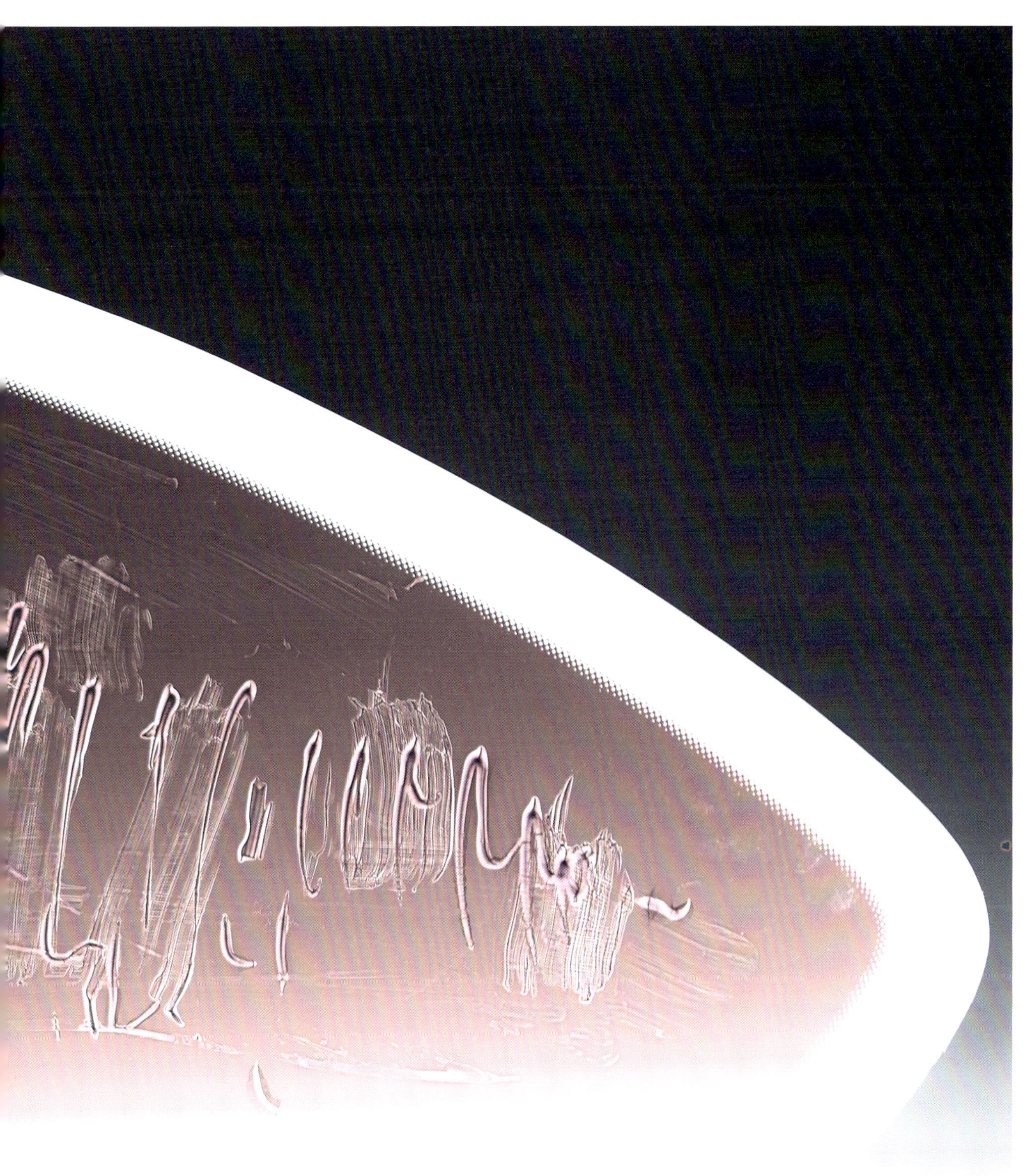

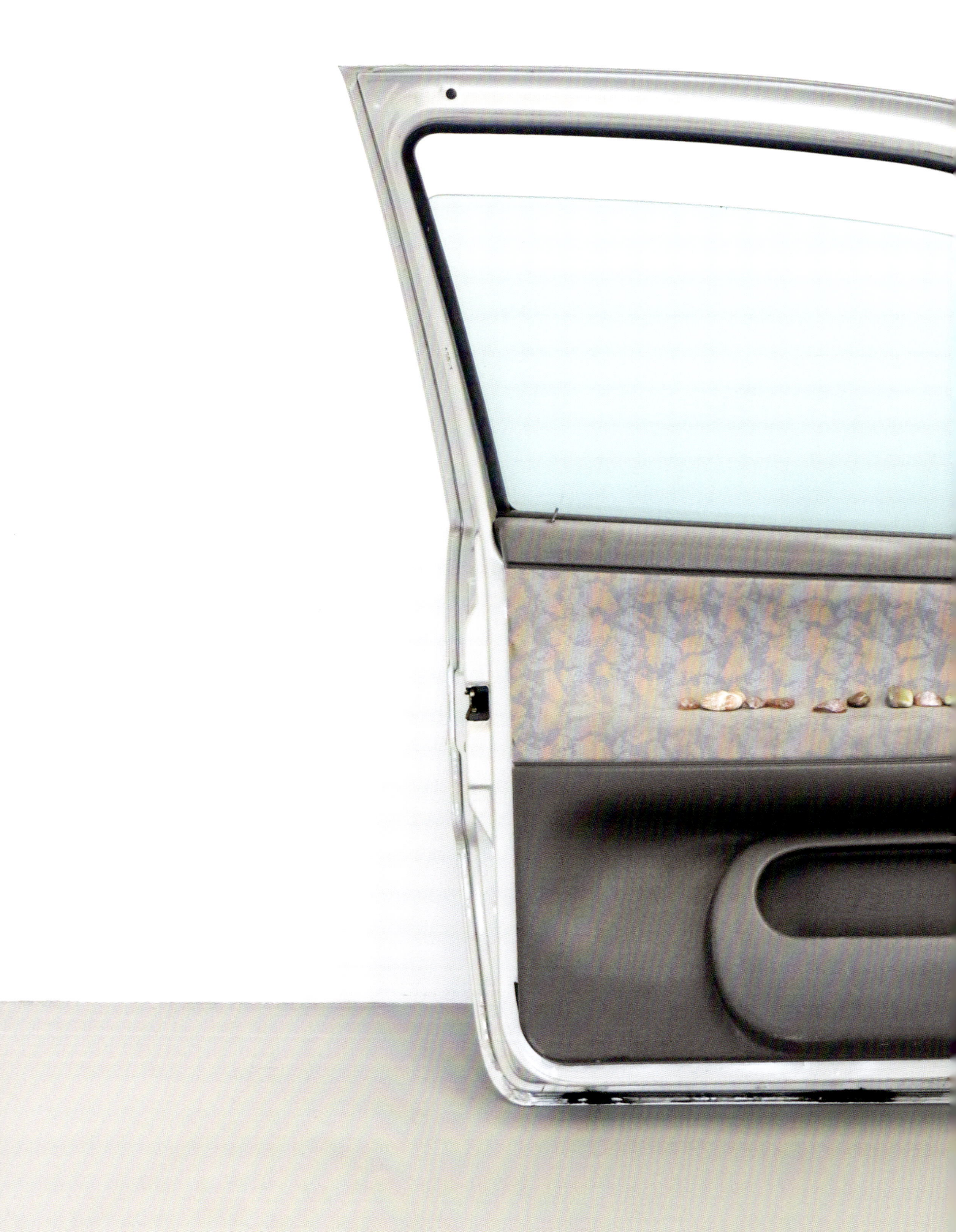

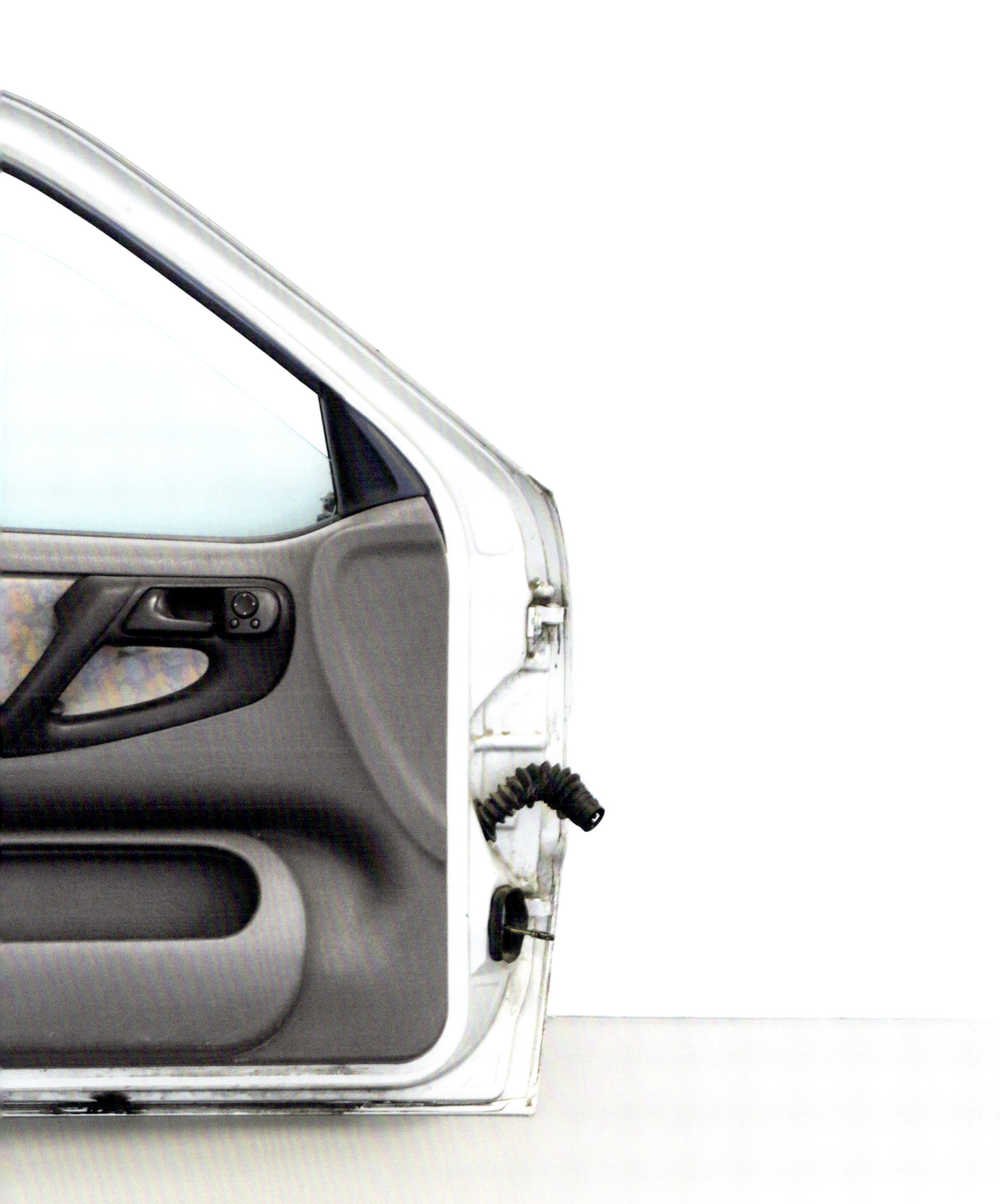

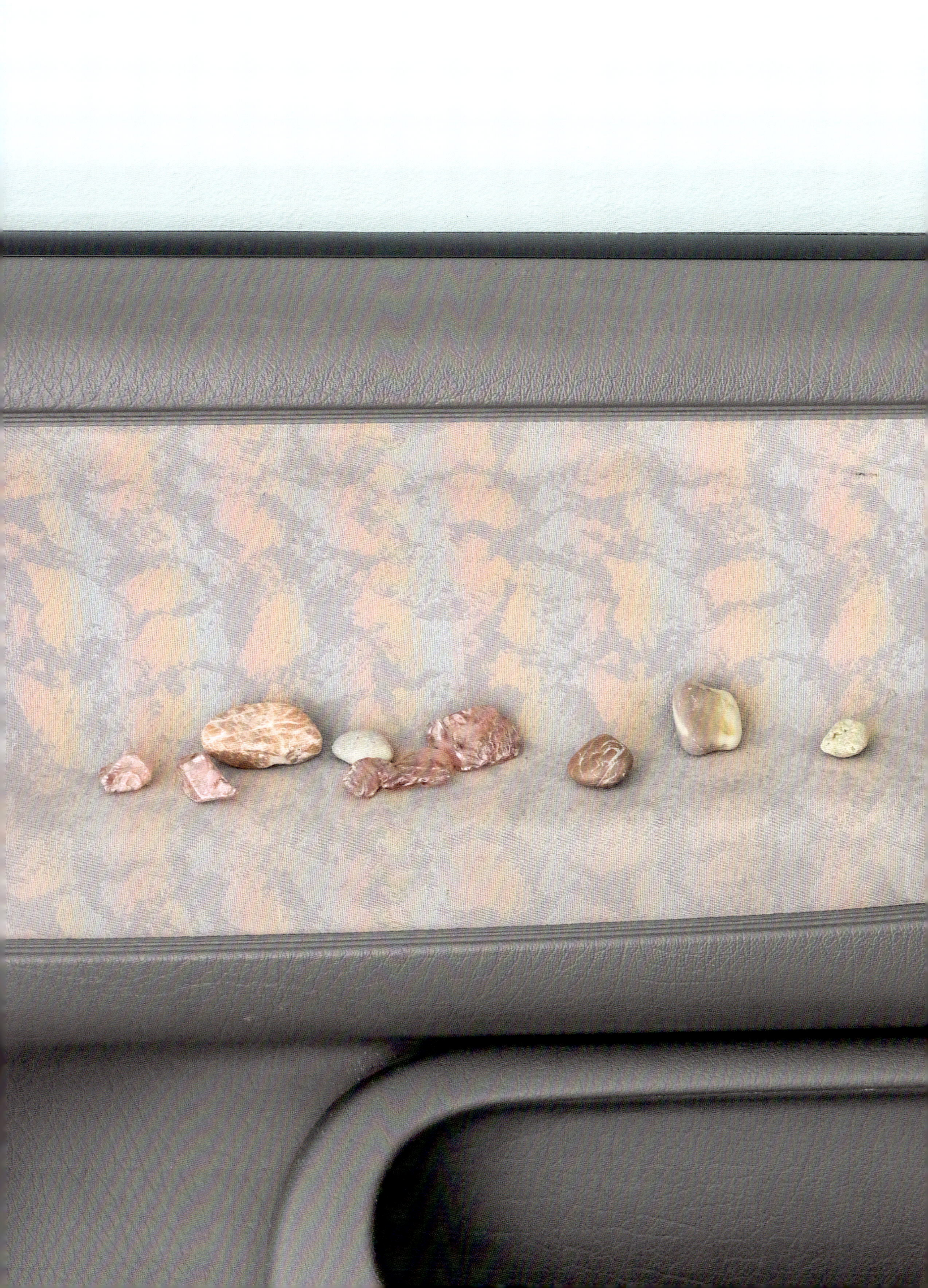

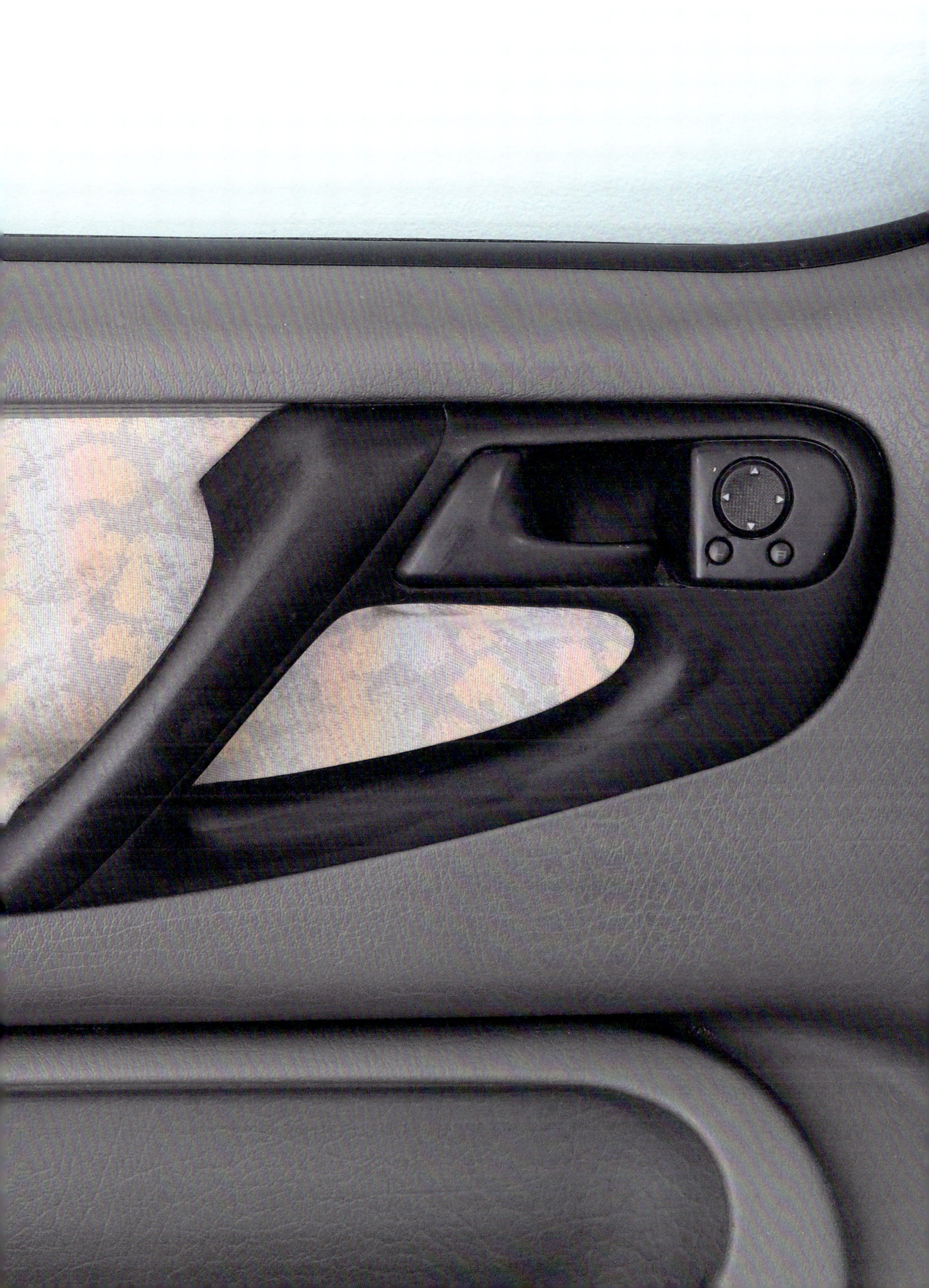

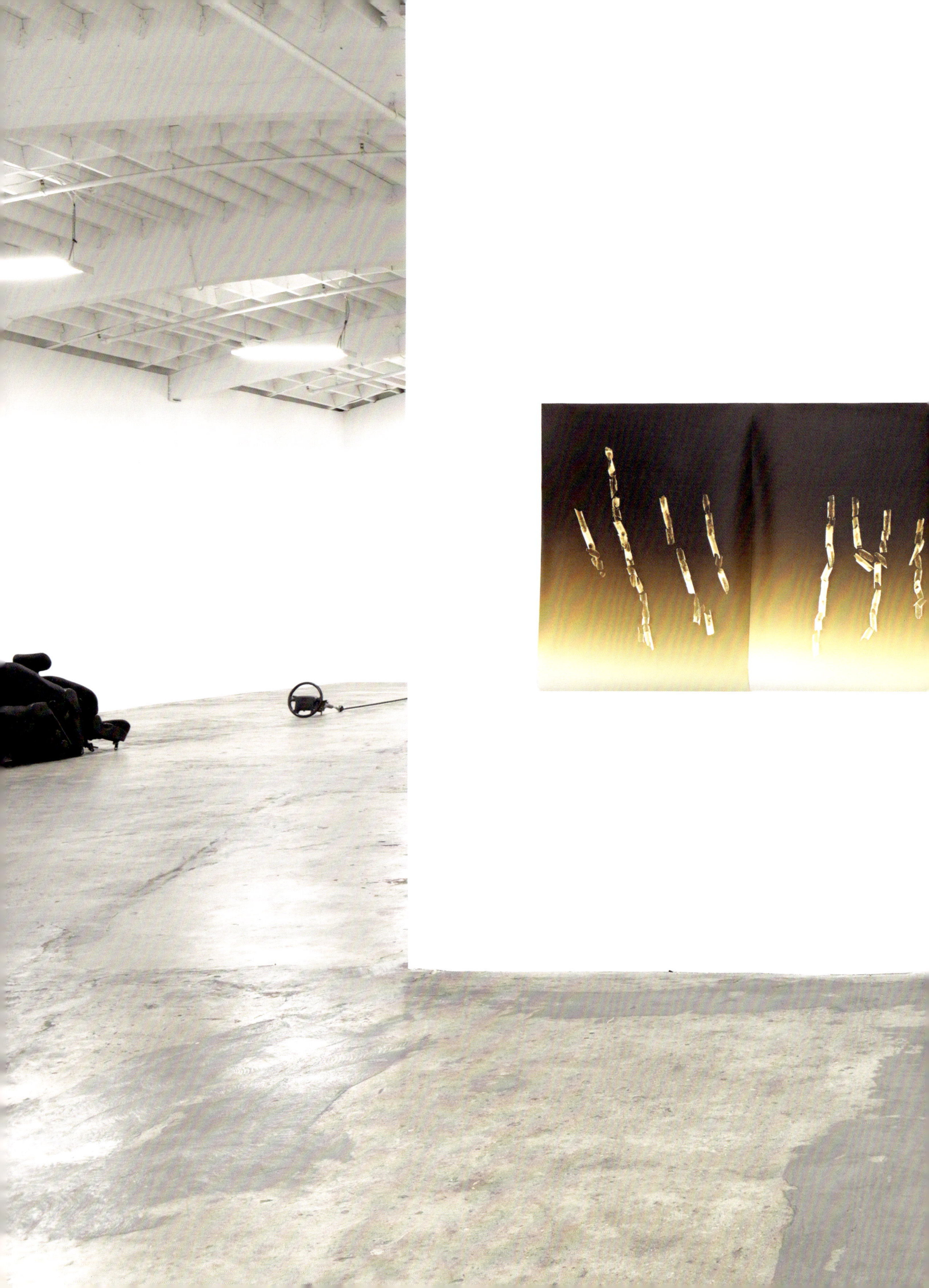

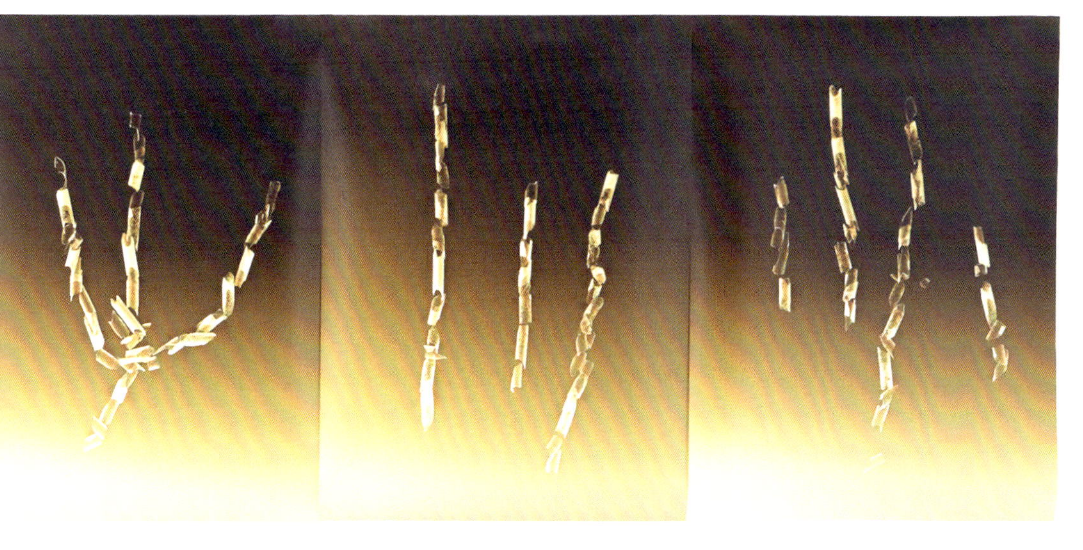

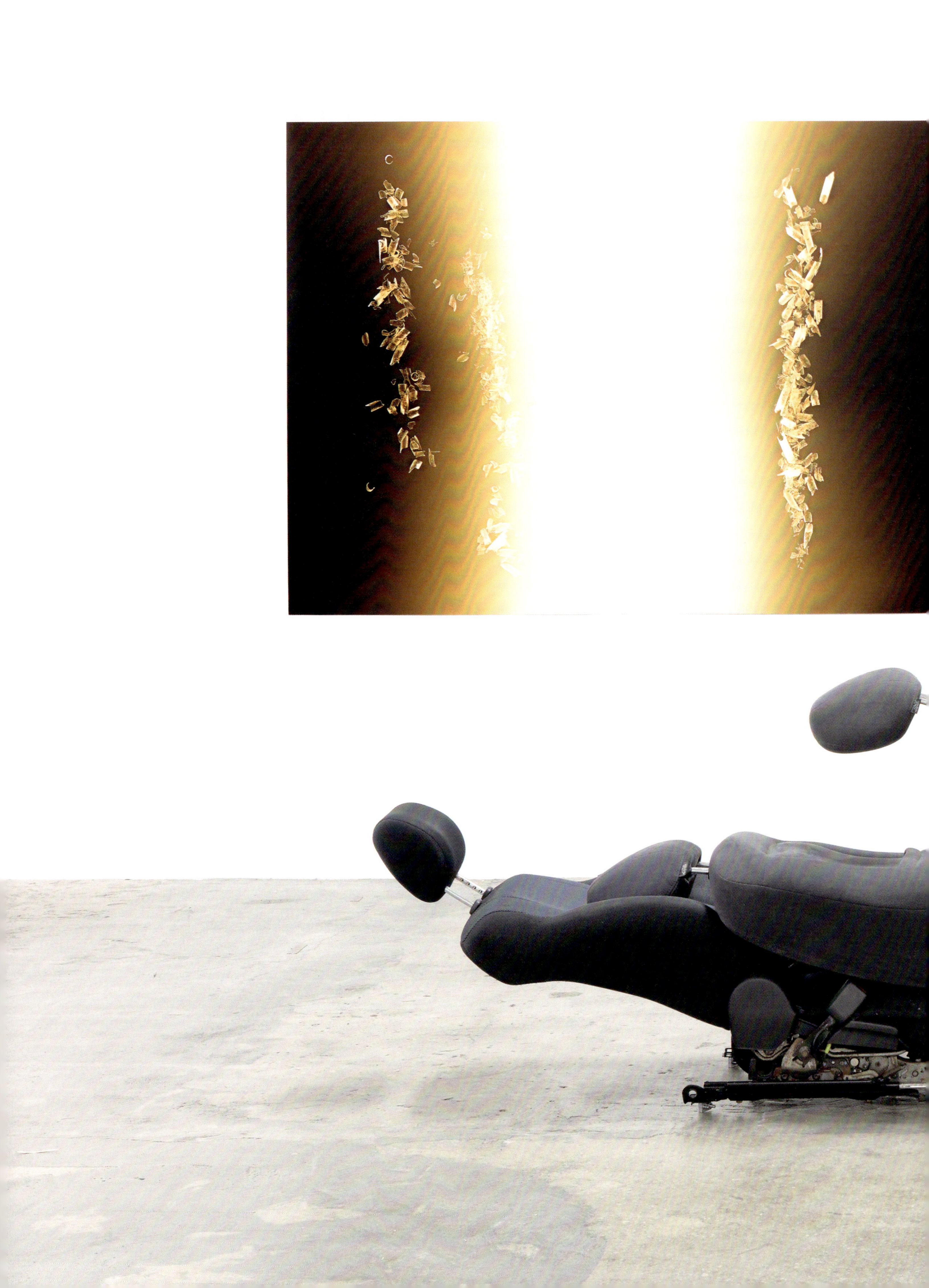

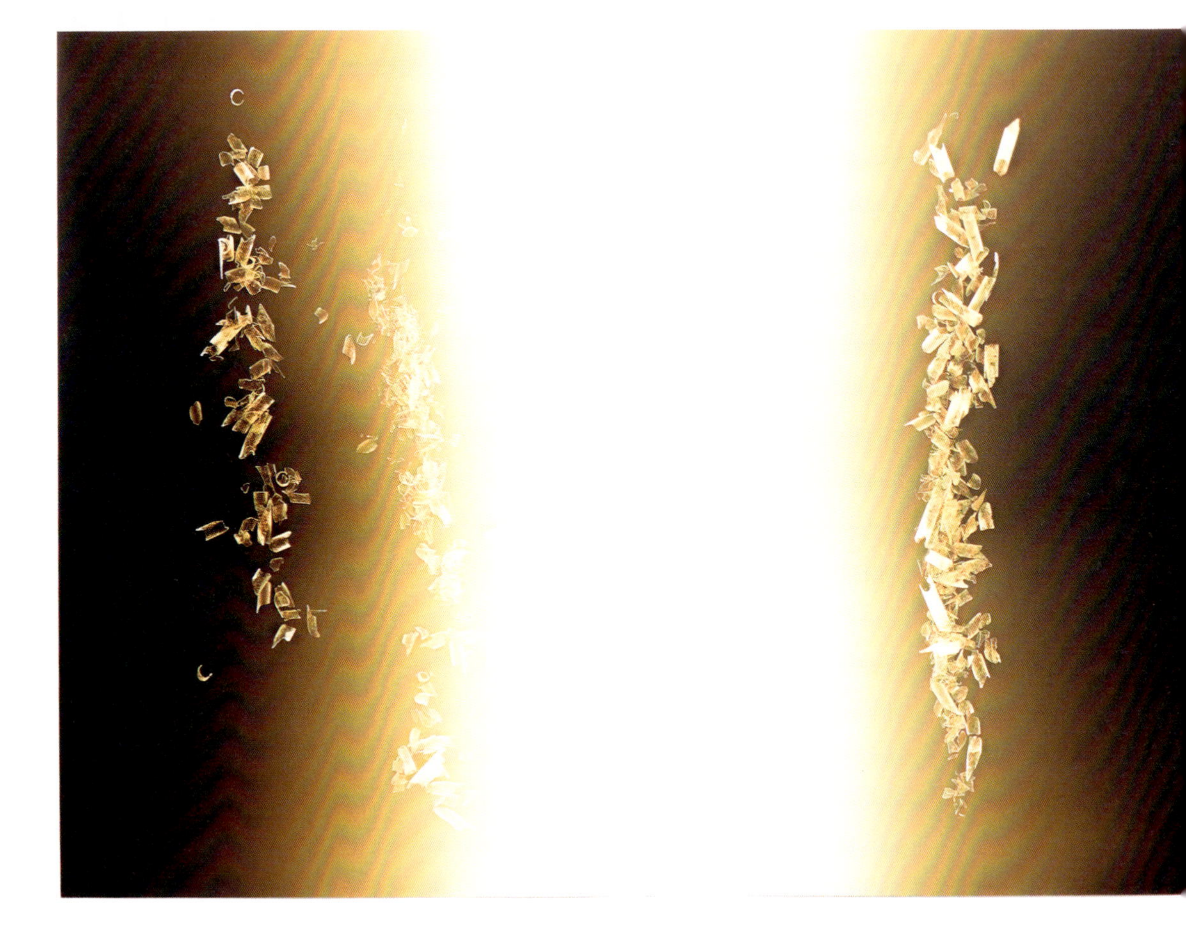

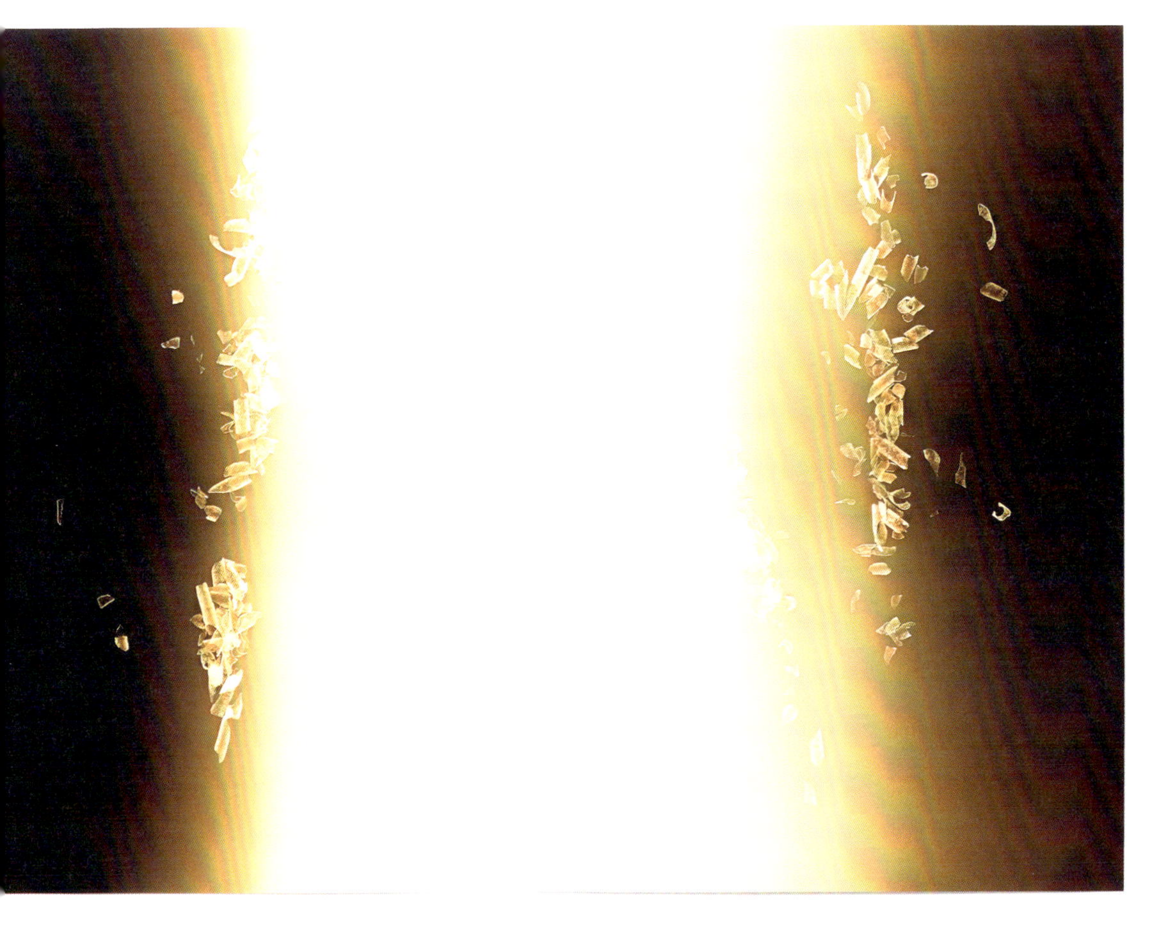

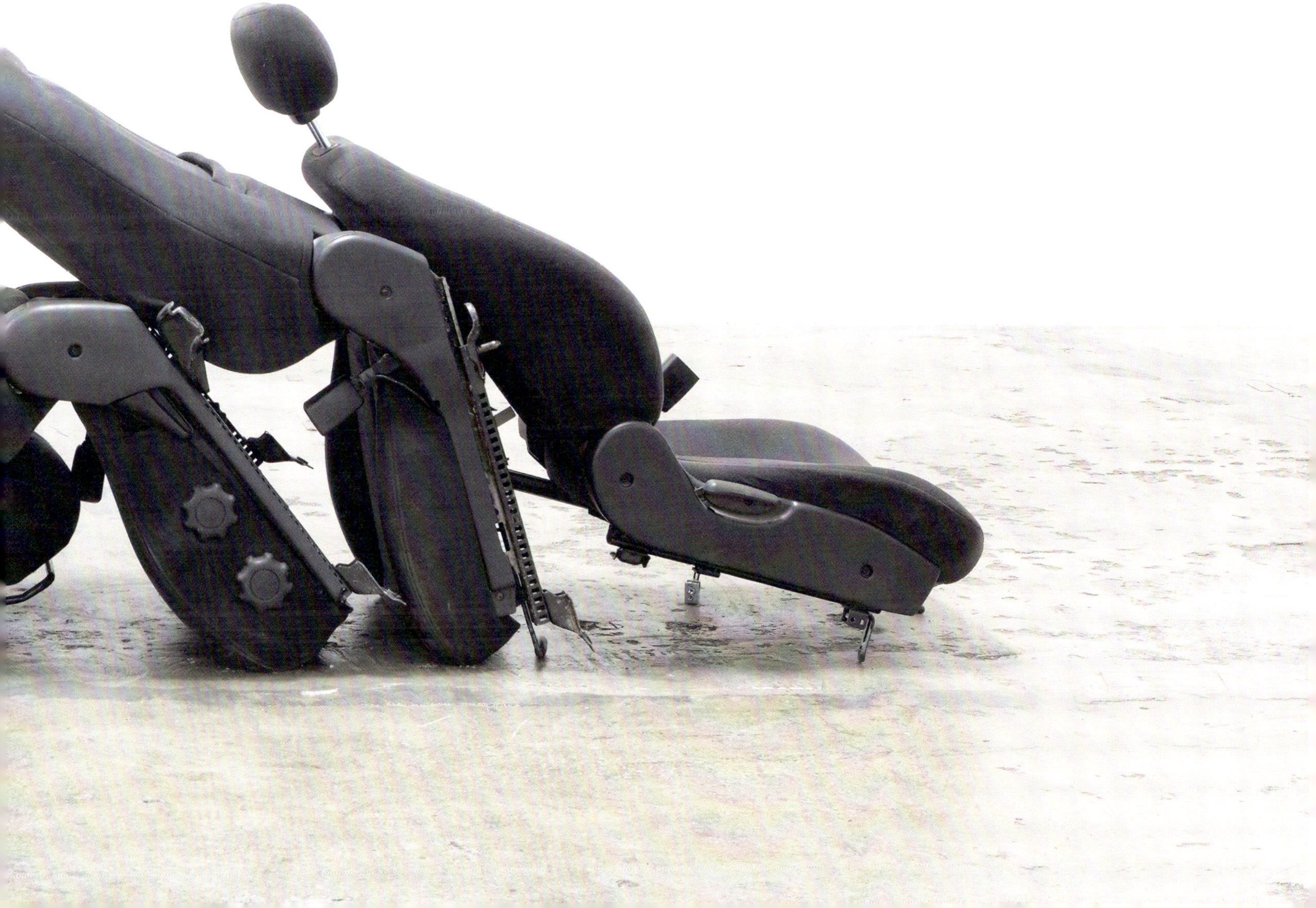

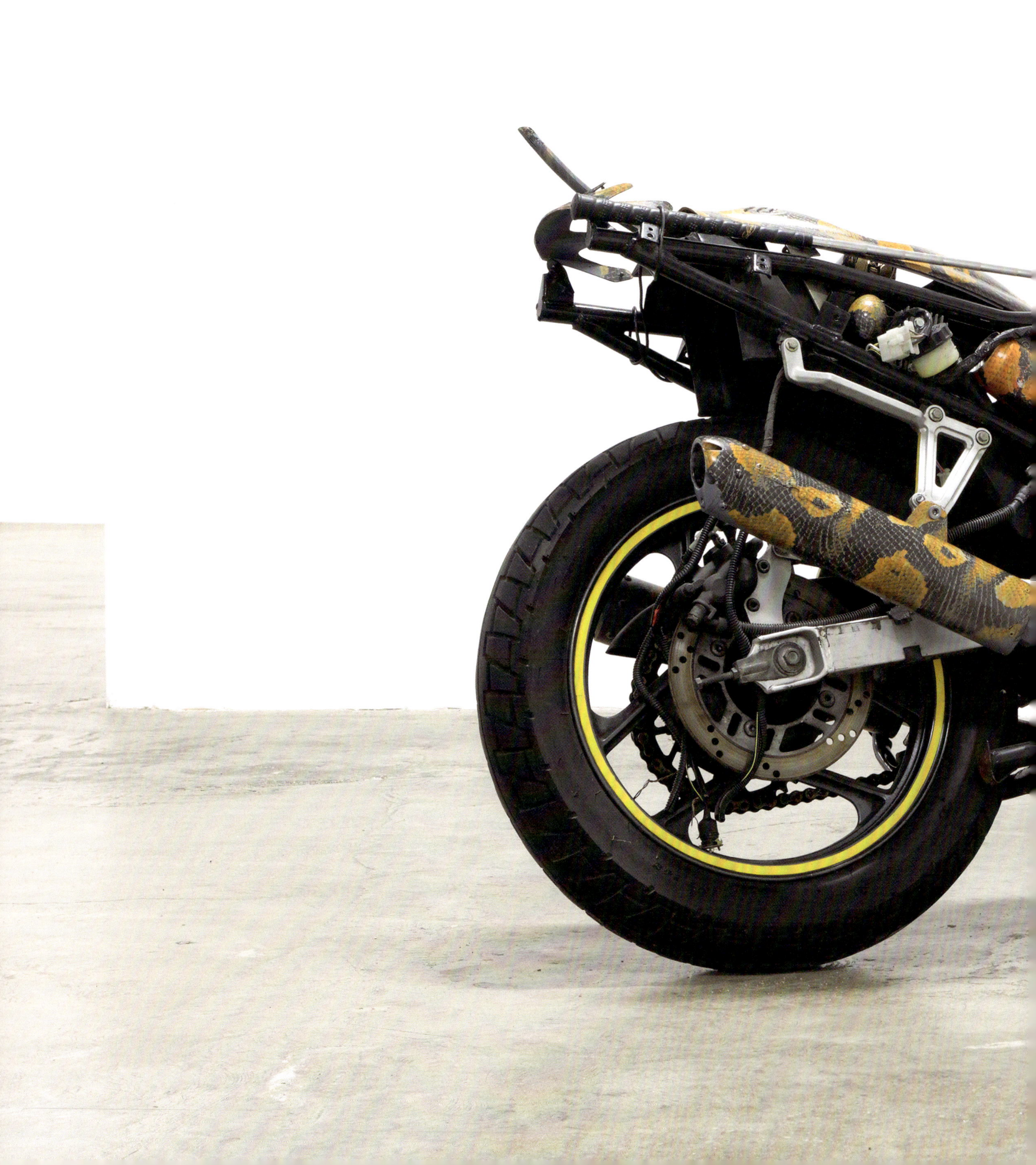

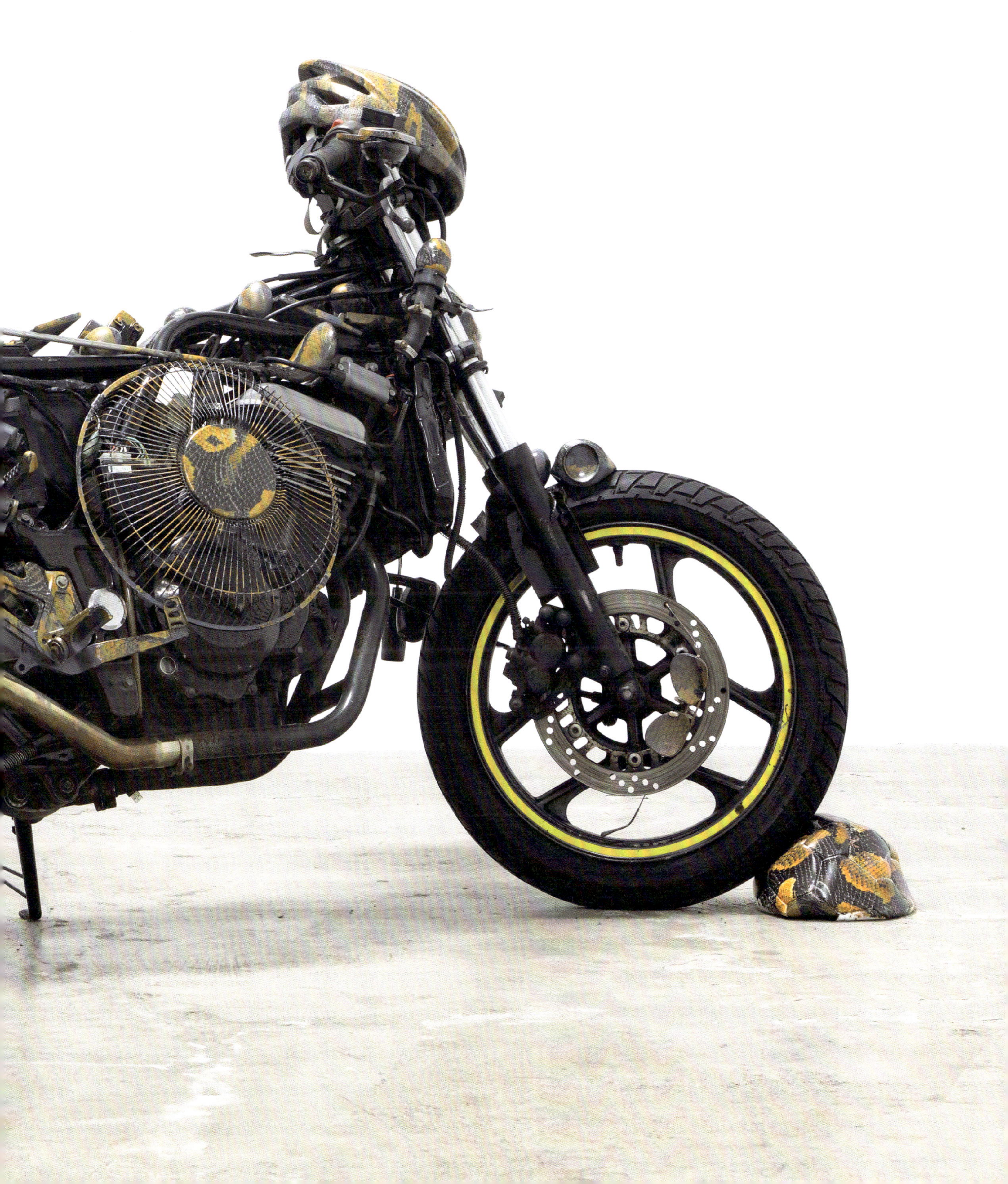

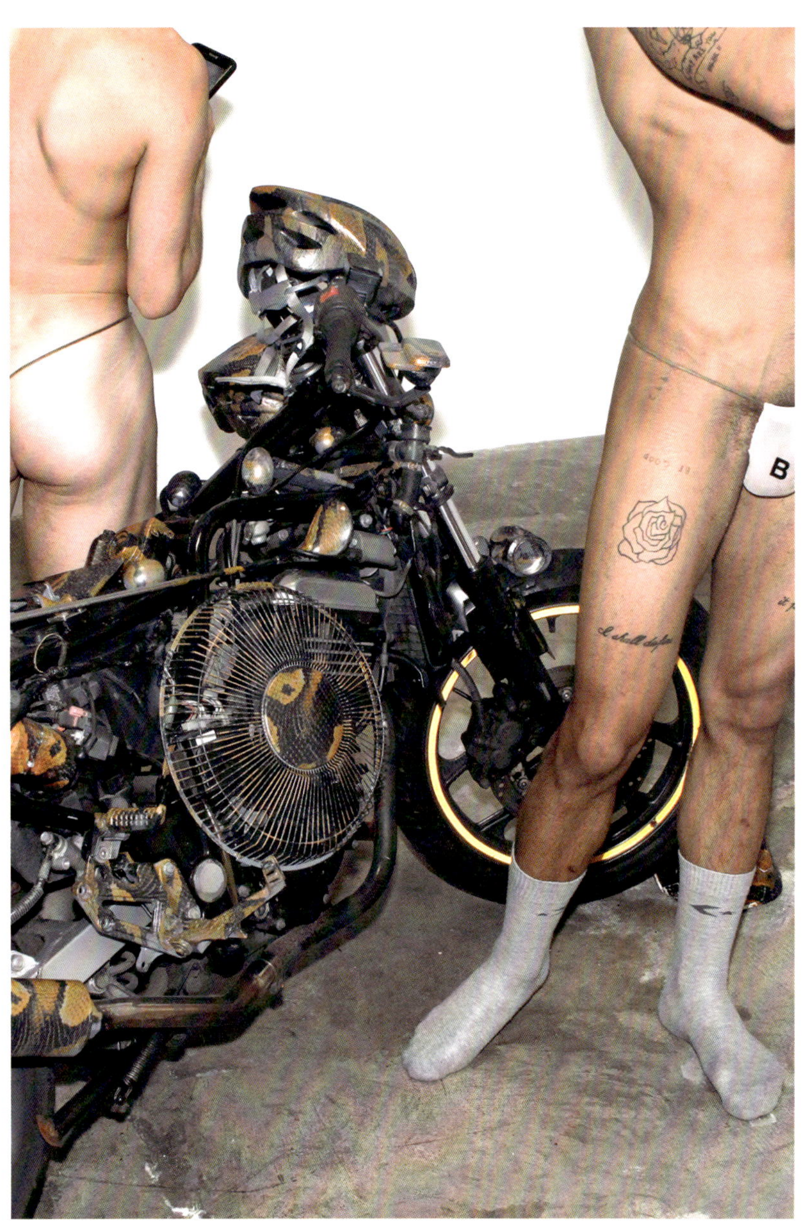

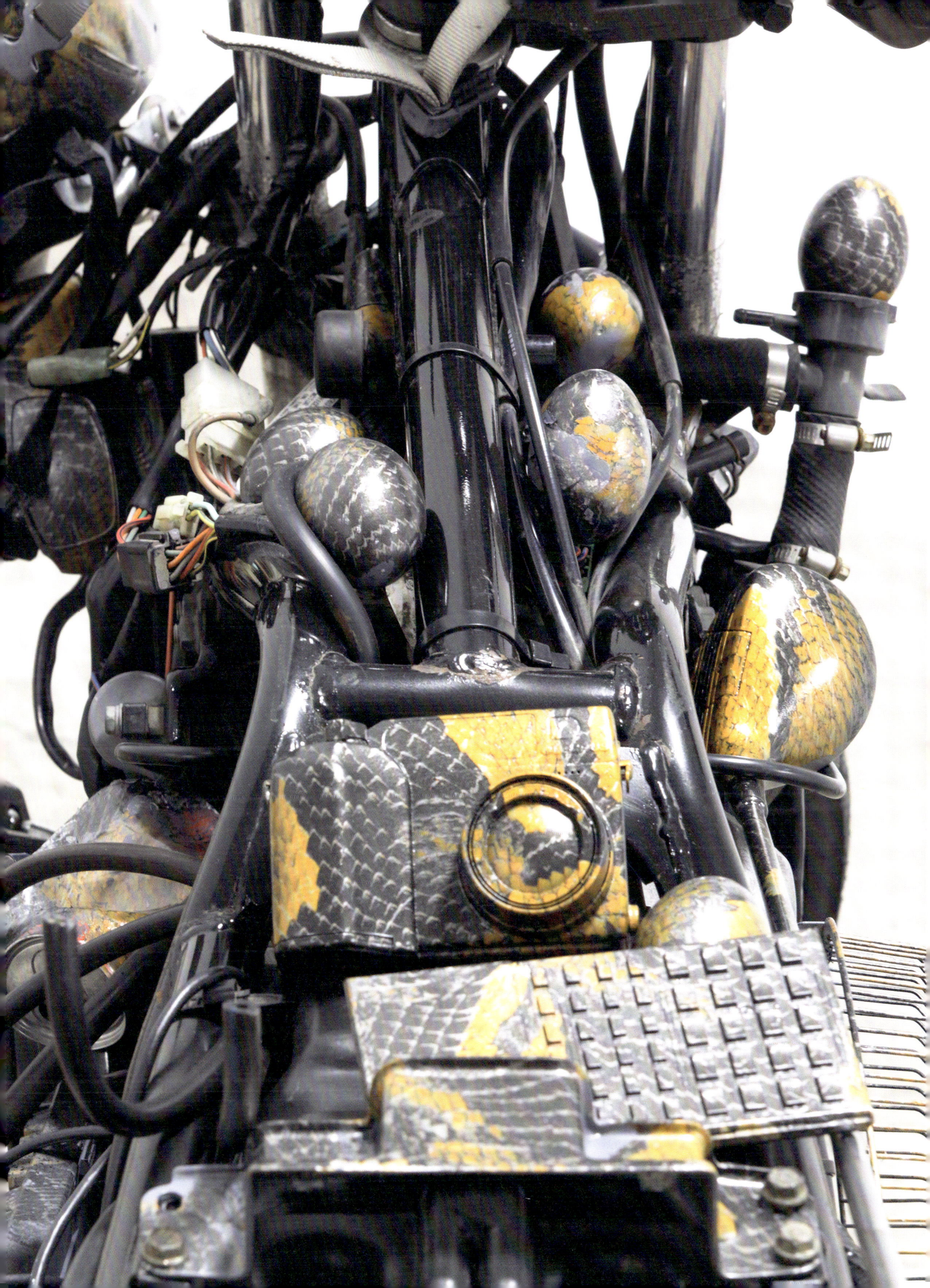

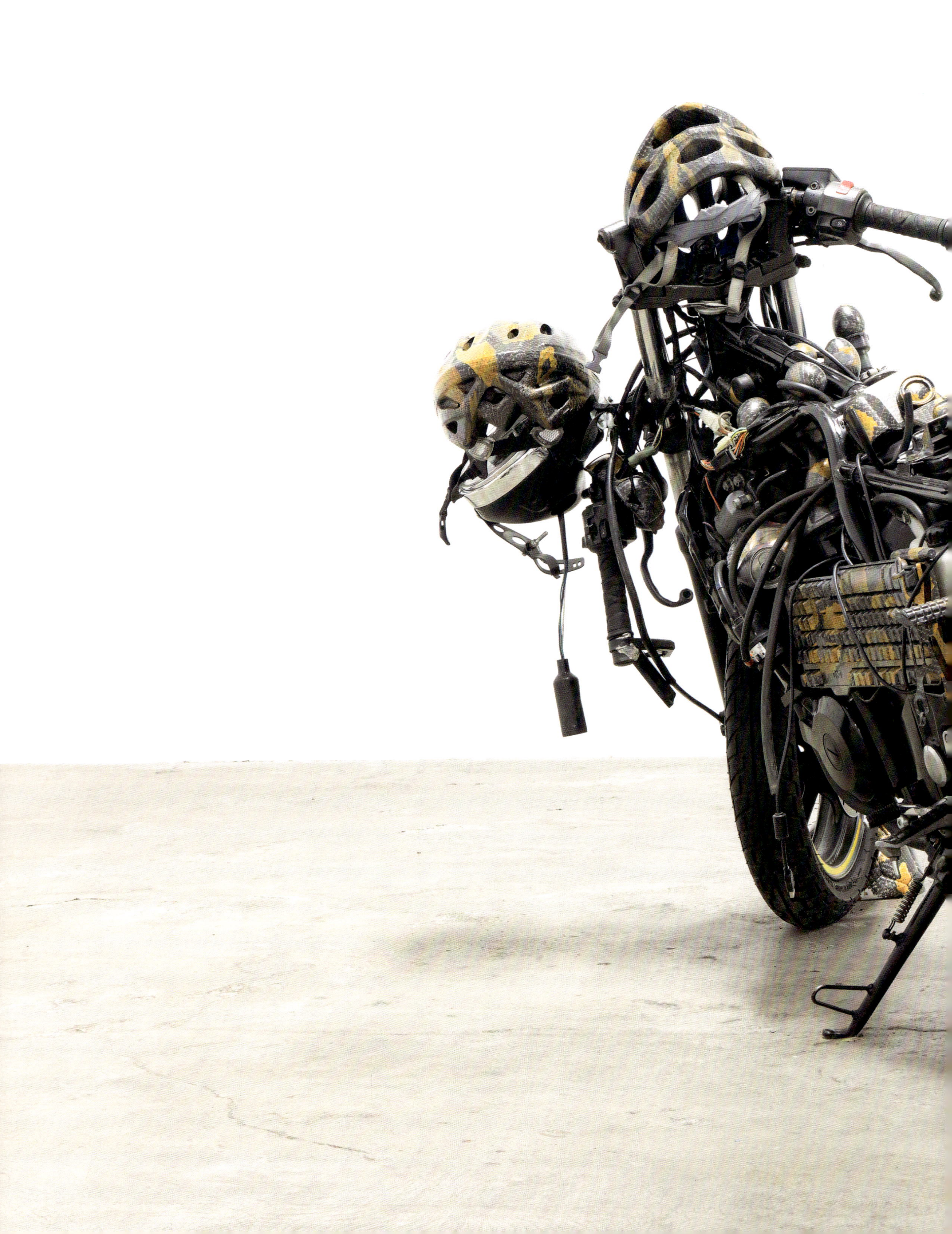

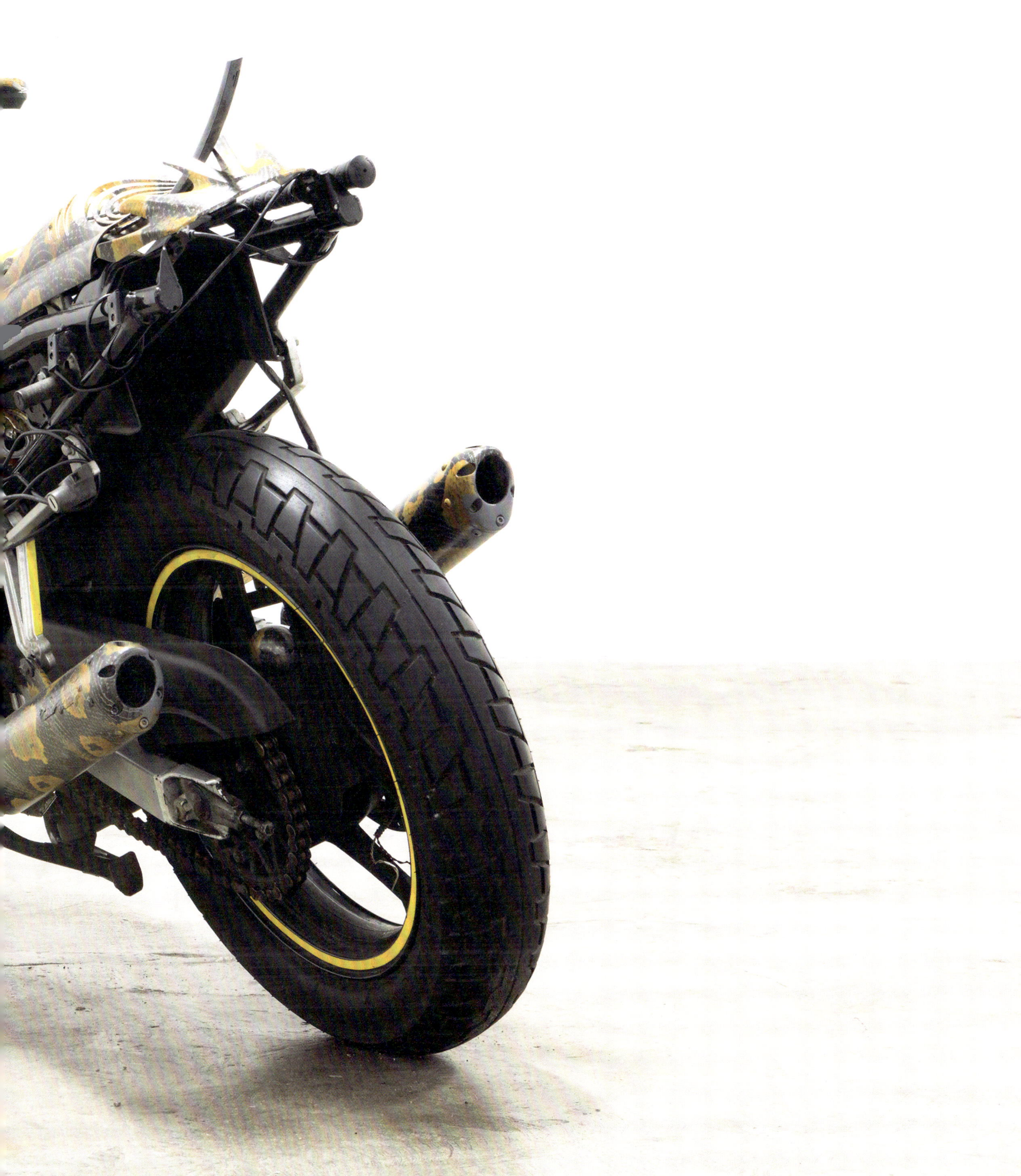

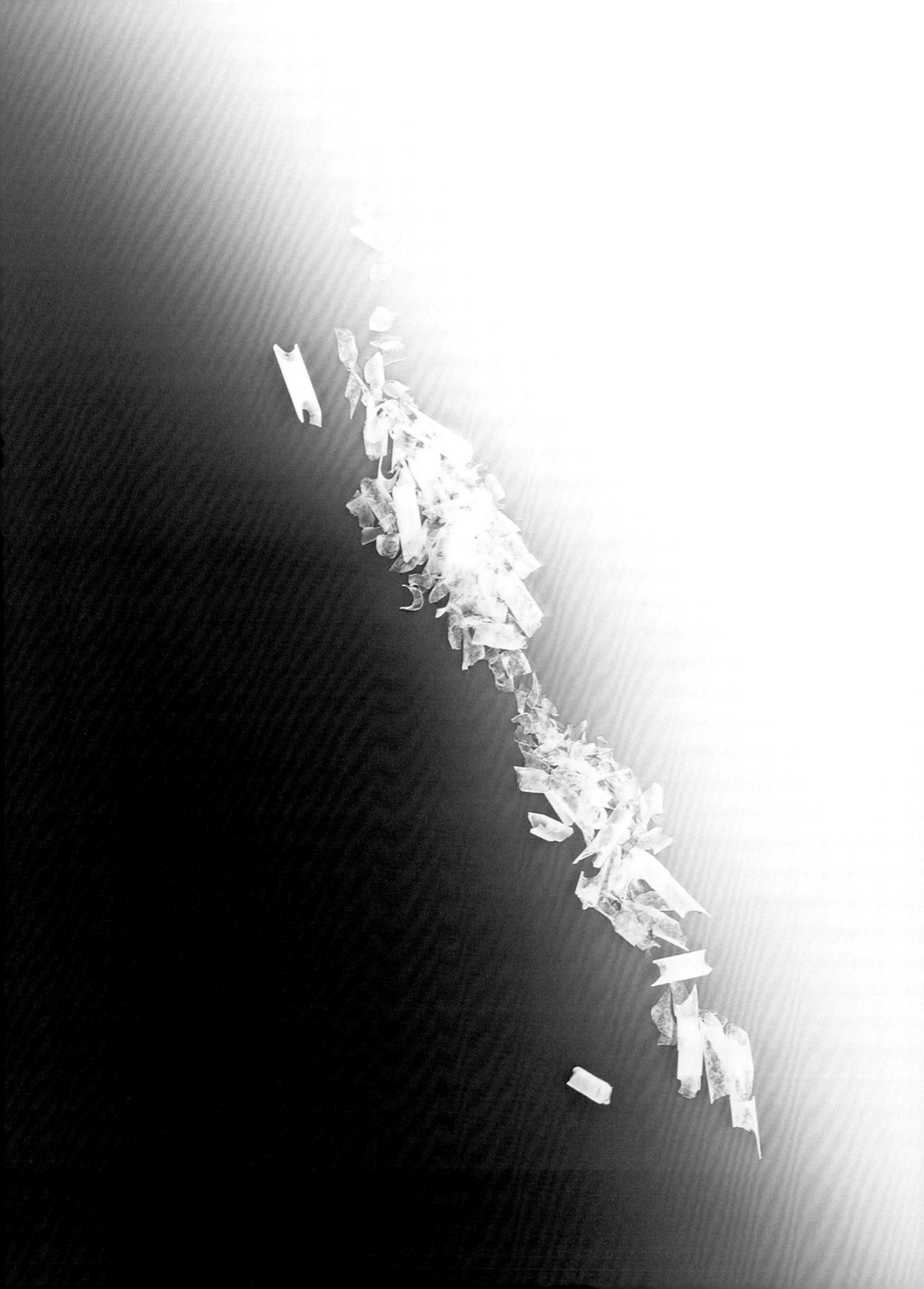

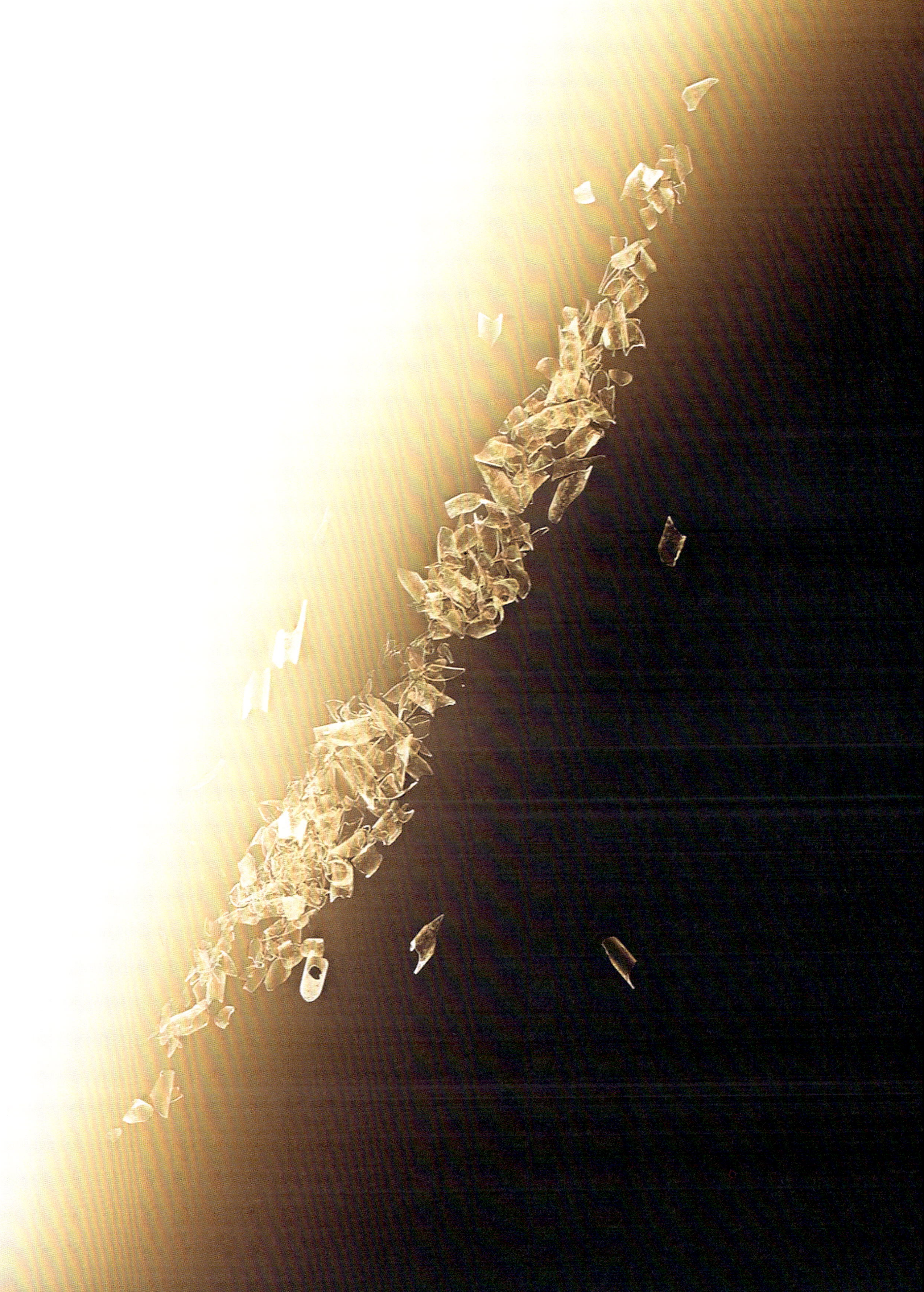

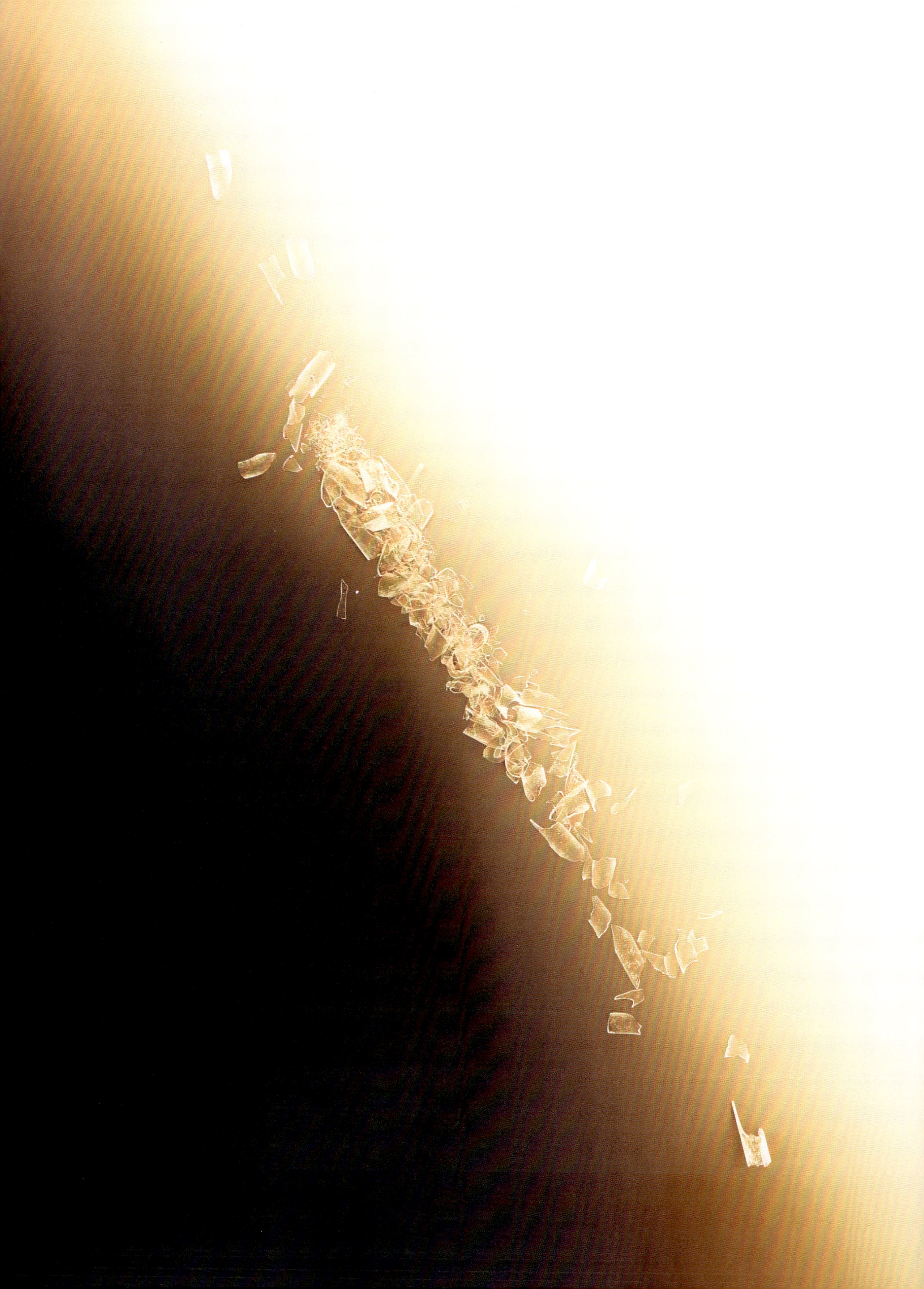

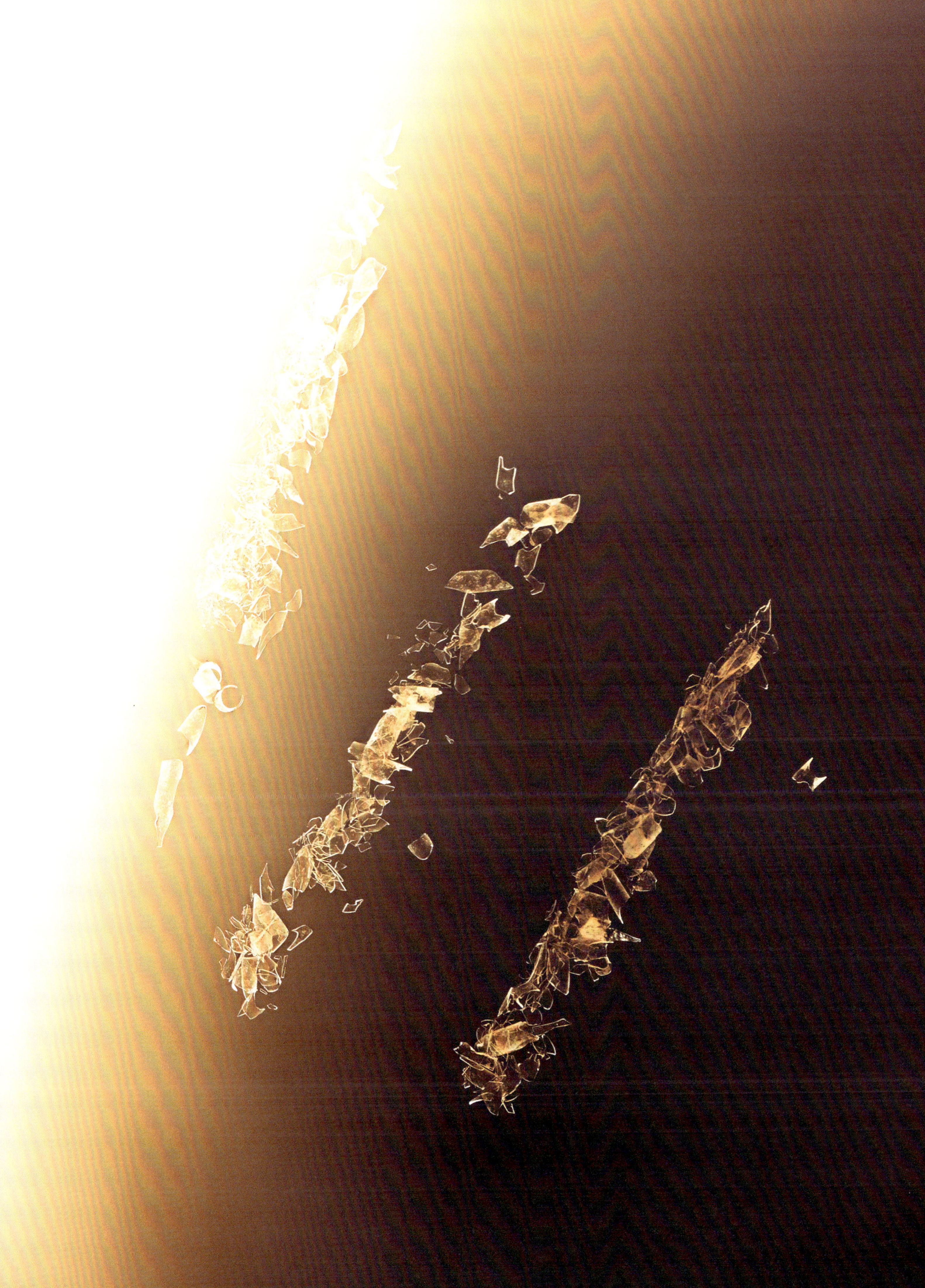

Jan Verwoert — Tatiana Echeverri Fernandez

Ein Gespräch

A Conversation

Da steht eine „Autotür“ an der Wand. Was ist los damit? Was zieht dich an ihr an?

Das Auto steht für Geschwindigkeit und für das Sehen. Du nimmst das Auto, um wo hinzukommen, auf dem Weg etwas zu sehen, woanders was zu sehen. Wenn ich ein Autoteil aus diesem Kontext nehme und in eine Installation einbaue, erzeugt das plötzlich ein wahnsinniges Gefühl von Stillstand. Diese gegenläufigen Energien finde ich interessant. Und natürlich, dass das Auto eine Erweiterung des Körpers darstellt.

In deiner Einzelausstellung *Bones and Bloodlines to Space* bei MaRS in L.A. gab es neben Autoteilen auch ein Motorrad. Wie bist du dazu gekommen?

Danach habe ich lange gesucht. Ich brauchte ein Motorrad, das nicht mehr ganz topp war, und gleichzeitig schon etwas Derangiertes hatte. Das Motorrad war, genauso wie die Autos, von denen ich Elemente verwendet habe, in Unfälle verwickelt. Bevor ich mit ihnen gearbeitet habe, ist schon etwas mit ihnen passiert, das nicht gewollt war. Dabei geht es mir nicht so sehr um das Tragische darin, sondern eher um etwas Zufälliges, eine Veränderung, die einfach stattfindet ...

Und das sieht man den Dingen an ...

Ja, teilweise. Das Motorrad war angeschrammt, der Kopf war abgerissen, hing so runter. Die Sitze hatten eigenartige Flecken. Da schwang etwas Unheimliches mit.

Also die Dinge haben eine Geschichte, die ich an ihrer Oberfläche ablesen kann. Welche anderen Elemente gab es in der Installation in L.A. zu sehen?

Ein Hauptteil war eine Serie von Fotogrammen. Mir war wichtig, dass sie sehr körperlich wirkten. Ich habe lang daran gearbeitet, dass sie farblich an Körperflüssigkeiten erinnern, an Fäkalien, an Urin, aber kein Blut. Ich habe Neonröhren zerbrochen und auf das Fotopapier gelegt. Weißt du, wie Fotogramme entstehen?

Erklär es lieber nochmal ...

Bei Farbfotogrammen ist es nicht so wie in der Dunkelkammer beim Entwickeln von Schwarzweißfotografien: Man hat im Labor kein Rotlicht, man kann alles nur ertasten. Das ist ein sehr langsames Arbeiten.

There's a “car door” on the wall. What is happening with that? What about it appeals to you?

A car symbolizes speed and seeing. You take a car to get somewhere, to see something along the way, to see something somewhere else. When I take part of a car out of this context and integrate it into an installation, an incredible feeling of stasis is suddenly generated. I find these oppositional energies interesting. And of course, the car represents an extension of the body.

In L.A., within your solo exhibition *Bones and Bloodlines to Space* at MaRS, you also included a motorcycle in addition to car parts. How did you arrive at this configuration?

I spent a long time looking for a motorcycle. I needed one that wasn't in the best condition, already damaged. Both the motorcycle and the cars whose parts I used were involved in accidents. So, before I worked with them something had already happened to them that wasn't intended. I'm not really interested in what's tragic about them, rather a kind of random quality, a change that just happens...

And this is evident in the things...

Yes, in part. The bike is scratched up, the top torn off and hanging down like that. The seats had strange spots on them. There was something unsettling about it.

So the things have a history that I can glean from their surfaces. What other elements were there on view in the L.A. installation?

A main element consisted of a series of photograms. It was important to me that they had a very physical quality. I worked a long time on getting the colors to look like bodily fluids, feces, urine, but not blood. I broke apart neon tubes and placed them on the photo paper. Do you know how photograms are made?

Why don't you explain it again...

Photograms are not like darkroom photography when developing black-and-white images: you don't have a red light in the lab — you can only feel your way around by touch. It's a very slow way of working.

Wie weit kannst du den Prozess bei völliger Dunkelheit überhaupt kontrollieren?

Ich habe mittlerweile Übung und mache Tests. Manches lässt sich so schon vorher entscheiden. Aber wie weit sich dieser gelbliche Ton ausbreitet und wie dunkel dieses Dunkel wird, kann ich nie vollständig kontrollieren. Weil ich die Filter im Dunkeln reindrehe, gibt es beim Bestimmen des Farbtons immer auch ein Risiko. Dann muss ich halt zählen: eins, zwei, drei nach rechts, vier nach links mit dem Gelb. Das dauert mehrere Minuten. Ich brauche diese lange Belichtungszeit, weil ich das Licht nicht direkt auf das Papier treffen lasse, sondern es abwedele. Das ist sehr performativ.

Abwedeln?

Ja ... also ich zeige dir das mal. (lacht) Sagen wir, hierher kommt das Licht, dann bewege ich diesen Schirm davor. Da, wo er Schatten wirft, kommt für den Moment weniger Licht hin. Bei weichen Bewegungen wird die Abschattierung der Farbe sanft. Bei ruckartigen gibt es Kanten.

Also der Farbverlauf entsteht während einer Belichtungszeit von drei, vier Minuten?

Bei manchen Fotogrammen ja. Bei anderen sogar bis zu einer halben Stunde. Bei vielen benutze ich zwei Farben. Es macht wirklich Spaß. Ich taste mich an etwas heran und wenn die Maschine das Bild entwickelt, kommt raus, was rauskommt. Jedes Fotogramm ist ein Unikat. Manchmal ist es ganz toll, manchmal nicht. (lacht)

Wie lange arbeitest du an einer Serie?

Ich bin meist tagelang mit Farbtests beschäftigt. Es gibt eine unglaubliche Anzahl an Farbmöglichkeiten und die scheinen erstmal nicht logisch zu sein. Blau und Gelb ergibt nicht einfach Grün. Es ist ein anderes Farbsystem. Es braucht viele Tests. Ich habe immer noch nicht alle Kombinationen herausgefunden.

Aber du arbeitest in der Originalgröße? Da ist nichts in der Entwicklung verkleinert oder vergrößert?

Richtig. Ich arbeite ohne Negative. Das ist die Originalgröße der Scherbe, die man sieht. Ich habe diese Neonröhrenscherben auf das Fotopapier gelegt und zu Linien zusammen zu schieben versucht. Beim Belichten habe ich die Farbverläufe auf die Linien abgestimmt. Ich lasse die Scherben

How much control do you actually have over the process in total darkness?

I'm already experienced with it by now and I do tests. This allows some decisions to be made beforehand. But I never really have full control over how far this yellowish tone spreads out or how dark this darkness gets. Because I'm turning the filters in the dark there's always a risk when determining the color. Then I just have to count: one, two, three to the right, four to the left with the yellow. This takes several minutes. I need this long exposure time because I don't let the light hit the paper directly but dodge it. This is very performative.

Dodge?

Yes... well I'll show you (laughs). Let's say this is where the light is coming from, I would move this screen in front of it. Where it casts a shadow less light comes in for a moment. With gentle movements the color shading is soft. Jerky motions create edges.

So color gradients develop during an exposure time of three to four minutes?

For some photograms, yes. Others take up to half an hour. For many, I use two colors, so double the time. It's a lot of fun. I feel my way around something and when the machine develops the image, what comes out, comes out. Each photogram is unique. Sometimes it's great, sometimes not (laughs).

How long do you work on a series?

I'll usually spend days working on color tests. There's such an incredible variety of color options, and they don't seem logical at first. Blue and yellow don't just yield green. It's a different color system. It requires lots of tests. I still haven't figured out all of the combinations.

But you're working with original sizes? Nothing is reduced or enlarged when developed?

Exactly. I don't work with negatives. What you see is the original size of the shard. I placed these shards of neon tubes on the photo paper and tried to push them together to make lines. During the exposure I matched up the color gradients with the lines. I make the shards luminous; they're emerging out of the light. There's something spiritual about a ray of light pulling something physical out of the dark. The works are called *Lines*.

leuchten, sie treten aus dem Licht hervor. Es hat etwas Spirituelles, wenn der Lichtstrahl das Körperliche aus dem Dunkel hervorholt. Die Arbeiten heißen *Lines*. Drogenkonsum hat immer auch damit zu tun, sich zu erweitern, die eigenen Grenzen zu überschreiten, einen „Escape" auf Ebenen zu finden, auf die man sonst nicht gelangen würde.

Und was sehe ich bei diesen Arbeiten? Das sind Netze, oder?

Genau. Das sind Netze. Da habe ich versucht, Raum zu fangen und wieder zu befreien. Bei der Größe des Formats musste ich sehr performativ agieren. Das war wie ein Tanz.

Die Struktur, die sich da abzeichnet, ist einigermaßen irre! Was bedeutet für dich das Performative?

Mich interessiert die Geste, aber weniger im malerischen Sinne. Wenn ich mich so und so bewege, ist das eher wie ein alchemistisches Erscheinenlassen (lacht) ...

Ein Regentanz vor dem Fotopapier.

Ja.

Dieses Synthetisieren von Farben hat eine alchemistische Dimension, aber auch die Magie, die darin liegt, dass du das Licht direkt in den Fingern hast!

Genau, Licht ist das einzige Material.

Und wie fühlt sich das an? Diese merkwürdige Materialität von Licht in der Hand?

Das ist total abgefahren. Man muss seine Angst im Fotolabor überwinden. In der Dunkelheit können einem schon Geister begegnen. (lacht) Es gab so einen Moment, wo es Blitze gab, die aus dem Nichts zu kommen schienen. (lacht) Da hatte sich Tape von der Abdunkelung abgerollt. Dann blitzt das. Außer in einem total abgedunkelten Raum gibt es kaum Situationen, in denen man einen kleinen Lichtstrahl so intensiv wahrnehmen würde, man kommt der „Physikalität" von farbigem Licht unglaublich nah dadurch, dass man die Augen im Dunklen soweit auf hat ... man hört auch anders in den eigenen Körper hinein ...

Das heißt, du musst deinem Körper vertrauen, dir die richtigen Informationen darüber zu geben, wo die scharfen Scherben liegen und

Drug use also has to do with self-expansion, going beyond your limits, finding an escape on levels you wouldn't otherwise be able to experience.

And what am I looking at in this work? These are nets right?

Exactly. They're nets. I was trying to capture space and set it free again. With the size of the format I had to be very performative. It was like a dance.

The structure emerging out of it is pretty crazy! What does the performative mean to you?

I'm interested in the gesture, though not so much in a painterly sense. If I move this way or that, it's more like an alchemical show (laughs) ...

A rain dance in front of the photo paper.

Yes.

This synthesizing of colors has an alchemical dimension, but also the magic that comes from having the light directly in your fingers!

Exactly, light is the only material.

And what does that feel like? Having this strange materiality of light in your hand?

It's totally crazy. You have to overcome your fear in the photo lab. In the dark you can even encounter ghosts (laughs). There was one time when flashes seemingly came out of nowhere (laughs), tape used to darken the room came off and produced flashes. Except in a totally darkened room, there are hardly any situations where you would perceive a small ray of light so intensely. As a result you get incredibly close to the "physicality" of colored light when holding your eyes so wide open in the dark... you also listen to your own body differently.

That means you have to trust your body to give you the right information about where the sharp shards are located and how your dancing with the light will affect the color gradients?

Exactly. It's both an intensely focused and a very intuitive way of working at the same time. Trust is crucial. I have to let go. In my sculptural works I'm also looking exactly for this chance to sabotage my control. This is how I escape myself. It would

wie dein Tanz mit dem Licht die Farbverläufe beeinflussen wird?

Genau. Es ist zugleich ein starkes Fokussieren und ein sehr intuitives Arbeiten. Vertrauen ist entscheidend. Ich muss loslassen. In meinen skulpturalen Arbeiten suche ich genauso die Möglichkeit, meine Kontrolle zu sabotieren. Auf diese Weise entkomme ich mir selbst. Ich fände es schrecklich, die Dinge zwanghaft immer wieder auf die gleiche Art und Weise zu tun. Wo bleibt dann (lacht) der Spaß, das Spiel und die Reaktion?

Du hast auch von spiritueller Ekstase, „Escape“ und „Highs“ gesprochen und den Kokainbezug ins Spiel gebracht. Wie verhält es sich damit?

Ja, ich bin nicht so der Drogentyp, aber als Kolumbianerin bin ich damit konfrontiert, kulturell, wie persönlich. Die Suche nach Mitteln, auf eine andere Ebene zu kommen ist in der Kultur tief verankert. Es ist etwas sehr Menschliches. Aber es geht genauso um das, was die Arbeit mit Fotogrammen ausmacht. Fotogramme sind ein „Escape“ aus Rahmen und Grenzen. Als ich vor fünfzehn Jahren das erste Mal probiert habe, Fotogramme in Schwarzweiß zu machen, war ich am Anfang super frustriert. Es wirkte so grafisch, wie die Fotogramme von Man Ray, und die haben mir noch nie gefallen. (lacht) Ich wollte da rauskommen. Deswegen habe ich angefangen, diesen tiefen Raum aufzumachen. Die Farbverläufe zeigen auf eine Art, dass da eine Tür ist, hinter der sich etwas öffnet ...

Absolut, ja. Und Man Ray scheitert für dich daran, dass seine Oberflächen so flach bleiben, wie sie nun mal sind?

Ja, ja, sie bleiben Bild. Für mich sind meine Fotogramme keine Bilder als solche. Sie sind ... ich versuche auf jeden Fall, (lacht) dass sie wirkliche Räume sind. Es geht dabei nicht um eine Illusion, sondern um die Idee, dass Material mehr ist als das, was man sieht, Licht mehr ist als das, was wir wahrnehmen oder Sound mehr ist, als das, was wir verstehen. Es sind Wellen, aber sie durchdringen alles. Vielleicht gibt es auch einen Abdruck von Sound in den Dingen. Diese Mehrschichtigkeit sehe ich als Öffnung auf das hin, was wir nicht begreifen. Ich finde, es ist wert darüber nachzudenken.

Wenn das Bild Raum wird und sich die Türen des Bewußtseins auftun und man seelisch in eine Welt aus farbigem Licht eintritt, ist das

be terrible to do things compulsively in the same way over and over again. Where's the fun then (laughs), the game, and the reaction?

You've also talked about spiritual ecstasy, "escape," and highs, and brought the cocaine reference into play. How does that apply here?

Yes, I'm not really someone who is into drugs at this point. But as a Colombian, I'm confronted with it both culturally and personally. The search for means to access another experiential level is deeply rooted in culture. It's something very human. But that's exactly what's interesting about working with photograms. Photograms are an escape from limitations and borders. When I first tried making black and white photograms fifteen years ago I was super frustrated at first. They looked so graphic, like Man Ray's photograms, and I never liked them (laughs). I wanted to get away from that. That's why I started opening up this deep space. In a way, the color gradients show that a door exists there, where something is opening up behind it...

Absolutely, yes. And for you Man Ray fails because his surfaces stay as flat as they are?

Yes, yes, they stay image. I don't think of my photograms as images per se. They're... I'm trying in any case (laughs) to make them de facto spaces. It's not about an illusion, but about the idea that material is more than what you see, light is more than what we perceive or sound is more than what we apprehend. They're waves, but they permeate everything. Maybe there's also an imprint of sound in things. I see this multilayeredness as an opening to what we don't understand. I think it's worth thinking about.

When the image becomes space and the doors of consciousness open up and you enter spiritually into a world of colored light, that is absolutely a spiritual moment. How do you talk about it without verging on the religious? For this, the work is too physical and of-this-world in its handling of light as material. At the same time, it would be too prosaic just to talk about the "highs" or "kicks" that one somehow gets from it. The colored light opens up the horizon too far for this. How does materiality relate to spirituality?

I'm interested in how photo paper is even capable of becoming a carrier of this information. That happens says something to me about the world,

absolut ein spiritueller Moment. Wie spricht man darüber, ohne ins Religiöse zu kippen. Dafür ist die Arbeit zu physisch und diesseitig in ihrem Umgang mit dem Material Licht. Gleichzeitig wäre es zu prosaisch, einfach von „Highs" oder „Kicks" zu reden, die man sich eben irgendwie verschafft. Dafür öffnet das Farblicht den Horizont dann doch zu weit. Wie verhält sich da Materialität zu Spiritualität?

Mich interessiert, wie das überhaupt sein kann, dass Fotopapier Träger von dieser Information werden kann. Dass das geht, sagt für mich schon etwas über die Welt aus, was ich fast als spirituell bezeichnen würde, als Begeisterung für die Beschaffenheit der Welt. Ich erwarte deshalb aber nicht, dass jeder, der sich davorstellt irgendwie einen spirituellen Moment erlebt, das nicht.

Ich finde es enorm wichtig, über diese Dinge zu sprechen. Der eindimensionale moderne Materialismus produziert ansonsten eine Politik, die einfach nur noch erdrückend ist. Das Spirituelle macht andere kulturelle Kommunikationskanäle auf. Ich habe das in den letzten Jahren in vielen Gesprächen, auch über Kunst, vermittelt bekommen. Wer aus Kulturen kommt, die von imperialistischen und kolonialistischen Systemen unterdrückt wurden, musste sich sagen lassen: „Eure Spiritualität ist primitiv. Wir haben Besseres zu bieten. Seht her, das Maschinengewehr." Die Gewalt, gegen die postkoloniales Denken sich richtet ist eine materielle, eine strukturelle und gesellschaftliche, aber eben immer auch eine Gewalt, die sich gegen das Spirituelle richtet. Ein ganzer Erfahrungsraum wurde gewaltsam verneint. Dagegen anzugehen, heißt vielleicht erstmal noch gar nicht unbedingt, sich zu dieser oder jener Religion oder Droge zu bekennen, sondern einfach überhaupt anzuerkennen, dass diese Räume existieren, ne?

Ich glaube, dass Angst davor da ist, weil es da Kräfte gibt, die unkontrollierbar sind. Spiritualität kann Menschen so stark bewegen, dass sie Dinge tun, die auf andere überirdisch wirken, oder? Das Ungewisse daran ist beängstigend und man versucht es klein zu halten, weil es eine Waffe sein könnte.

Gleichzeitig spricht einen deine Kunst auch auf der materiellen Ebene sehr direkt an. Deine Arbeiten sind irgendwo auch Pop: Sie sagen „Ja" zur Oberfläche. Ich komme rein und die Arbeit sagt sofort „Hallo" zu mir.

which I would almost call spiritual, or an enthusiasm for the nature of the world. But I don't expect that everyone standing in front of it would somehow have a spiritual experience, not at all.

I find talking about these things is extremely important. One-dimensional modern materialism produces a politics that's otherwise simply stifling. The spiritual opens up other cultural channels of communication. I've had this conveyed to me during numerous conversations in recent years, also ones on art. Those coming from cultures suppressed by imperialist and colonialist systems had to hear someone telling them, "Your spirituality is primitive, we have better things to offer, look here, the machine gun." Violence against postcolonial thinking is a material, structural and social one, but it is also always a violence that's directed against the spiritual. A whole realm of experience has been violently negated. Countering this maybe doesn't necessarily mean first committing yourself to this or that religion or drug, but simply acknowledging that these realms exist, right?

I think there's fear about these things because they represent forces that can't be controlled. Spirituality can move people so powerfully that they do things that seem beyond nature to others, right? The uncertainty around it is scary and you try to downplay it because it could be used as a weapon.

At the same time, your art also addresses a material level in a very direct way. Your work is also Pop in some aspects: it says "yes" to the surface. I come in and the work immediately says "hello" to me.

(laughs) How could this be different?

Well, the band can always play with their backs to the audience, right? There's enough art that first makes life difficult for viewers, especially when it comes to enigmatic experiences. You could also likewise say: I will not let anyone into my sanctuary. Initiate yourself. First read 500 books. You do it differently. There's a secret. But you don't construct a temple around it.

No, that doesn't interest me. I want to open the doors and let people in. But my work still remains mysterious to me. In a best-case scenario. If the mystery lingers, if the whole thing doesn't fall

(lacht) Wie könnte es denn anders sein?

Naja, die Band kann immer auch mit dem Rücken zum Publikum spielen, oder? Es gibt genug Kunst, die einem das Leben erstmal schwer macht, gerade wenn es um geheimnisvolle Erfahrungen geht. Da könnte man ja genauso auch sagen: In mein Heiligtum lass ich nicht jeden rein. Initiiere dich. Lese erstmal 500 Bücher. Du machst das anders. Da gibt es ein Geheimnis, aber du baust keinen Tempel drumrum.

Nein, das interessiert mich nicht. Ich will die Türen schon aufmachen und Leute reinlassen. Trotzdem bleiben meine Arbeiten für mich mysteriös. Im besten Fall. Wenn das Mysterium bleibt, wenn sich nicht alles aufschlüsselt, sondern mich weiter bewegt, (lacht) dann ist die Arbeit gut. So empfinde ich das.

Wie geht für dich die Kraft des Mysteriösen zusammen mit der Kraft von Pop?

Ich höre total gerne elektronische Popmusik. Gute Beats bewegen mich, da möchte ich gleich tanzen, mich körperlich ausdrücken, das gibt mir Energie.

Bei den Fotogrammen hast du diese körperlich energetische Dimension betont ...

Ja. Ich habe die Fotogramme eine Weile extrem farbig gemacht. Ich hatte bis zu dem Zeitpunkt nicht mit Farbe gearbeitet. Es hat mich selber sehr geflasht, das war körperlich. (lacht) Das war energetisierend. Das kann als Pop gelesen werden. Andererseits sind es auch nur Farben. Klar ist mir bewusst, dass bestimmte Farben etwas auslösen. Gleichzeitig finde ich es eher langweilig, sie auf einzelne Qualitäten festzulegen. In einer Palette ist jede Farbe auch wie jede andere Farbe. Ich habe sie nicht gemischt, weißt du? Es sind Filter, die ich bewege und dadurch entsteht eine Farbe. Die ist im Licht vorhanden, als Wellenlänge. Sie ist real, nicht erfunden, sie ist Teil dieses Spektrums. Mehr ist es nicht.

Komplett konkret.

Ja. Ich sage: „Die Farbe: ja und die Farbe: ja und die Farbe: ja. Und Braun von mir aus auch. Braun ist nicht poppig, aber warum nicht Braun mit dem Lila ..."

apart, but keeps affecting me (laughs), then the work is good. That's how I feel about it.

How do you combine the power of mystery with the power of Pop?

I do really like listening to electronic Pop music. Good beats move me. I want to dance right away, express myself physically; that gives me energy.

In the photograms, you've emphasized this physically energetic aspect...

Yes. For a while I made extremely colorful photograms. I hadn't worked with color up to that point. It was really exciting for me; it was physical (laughs). It was energizing. That can be seen as Pop. On the other hand, they're also just colors. Of course I realize that certain colors trigger something. At the same time, I find it rather boring to pin them down to individual qualities. In a palette, every color is also like any other color. I didn't mix them, you know? They are filters that I move around and a color is produced as a result. That's present in the light, as a wavelength. It's real, not invented; it's part of this spectrum. It's nothing more than that.

Completely concrete.

Yes. I say: "That color: yes, and that color: yes, and that color: yes. And as far as I'm concerned brown too. Brown isn't Pop, but why not brown with that purple..."

Concreteness also plays a role in Pop, right? I didn't choose that the kick drum makes a boom sound (claps), right (laughs)? I like the sound, I let it come through in the mix.

Exactly (laughs). But contrasts are also important. When I listen to music, I want this "boom," but also something I'm not familiar with. I like Electropop, which allows for something quirky but also mixes odd sounds into the groove: an otherworldly sound I can't identify. I find that exciting... I make music myself. Thinking about soundscapes and rhythm together with materials is not that far off. I called a series of colored photograms with broken neon tubes *Allophones*, because they have this relation to sound for me.

So the concrete, corporeal, energetic, but also the ecstatic and mysterious are present here. All of these are forces to begin with. You don't have to interpret these. They make impacts.

Gegenständlichkeit spielt bei Pop auch eine Rolle, oder? Dass die Kick Drum „Bumm" macht (klatscht), habe ich mir nicht ausgesucht, oder? (lacht) Ich stimme dem Sound zu, ich lasse ihn im Mix durchkommen.

Genau. (lacht) Aber Kontraste sind auch wichtig. Wenn ich Musik höre, dann will ich dieses „Bumm", aber auch irgendwas, das ich nicht kenne. Ich mag Elektropop, der Schräges zulässt und komische Sounds in den Groove mischt: Ein Geräusch, das ich nicht identifizieren kann, das aus einer anderen Welt stammt, so was finde ich spannend ... Ich mache selbst Musik. Soundscapes und Rhythmik mit Materialien zusammen zu denken, liegt da nicht so fern. Eine Serie der farbigen Fotogramme mit den kaputten Neonröhren habe ich *Allophones* genannt, weil sie für mich diesen Bezug zu Klang haben.

Also, da ist das Konkrete, Körperliche, Energetische, aber auch Ekstatische und Mysteriöse. Das sind alles erstmal Kräfte. Die muss man nicht deuten. Die haben Wirkungen. Aber dann bringst du in manchen Momenten doch Dinge und Motive ins Spiel, die eine symbolische Deutung, wenn nicht einladen, dann doch zumindest grundsätzlich zulassen. Da sind die Unfallschäden, Neonröhrensplitter, Netze und hier in dieser Arbeit Schlüsselbünde. Ich musste an den Moment in Maya Derens *Meshes of the Afternoon* denken, wo eine der Figuren plötzlich einen Schlüssel auf ihrer Zunge findet. Ganz konkret hat sie diesen seltsamen Gegenstand im Mund. Das deutet Deren nicht. Der Schlüssel ist kein Rätsel, das irgendwie gelöst werden könnte. Es handelt sich aber spürbar um einen symbolischen Moment. Wie hältst du es mit Symboliken? Allgemein und besonders hier bei dieser Arbeit? Die Schlüssel sind einfach aufgereiht, wie Schmuck, es sind einfach geformte Metallteile. Gleichzeitig zeigst du mir auch kurz ein Symbol, oder?

Das ist eine Methode, ja.... Symbole zu finden, sich aber auch wieder aus den Symboliken herauszuziehen, wenn ich sage: „Okay, ein Schlüssel ist eigentlich nur Metall." Dann hat er wiederum doch diese symbolische Form. Es geht rein und raus aus der Symbolik. Ich setze sie. Gleichzeitig ist es doch nur Metall und es steht eine ganze Produktionskette dahinter. Bedeutung ist eine von Menschen am Ende dieser Kette auferlegte Dimension. Die Kette hat mit uns – oder nicht mit uns zu tun. Ich finde es interessant, diese ganze Bandbreite zu benutzen.

But then in some aspects you bring things and motifs into play that in principle at least allow for, if not invite, a symbolic interpretation. These are the accidental damages, the neon tube splinters, nets and, in this work here, a bunch of keys. It made me think about the moment in Maya Deren's *Meshes of the Afternoon* where one of the characters suddenly finds a key on her tongue. She has this strange object in her mouth in a very concrete way. But Deren doesn't construe this. The key is not a puzzle to somehow be solved. But it has a markedly symbolic aspect. How do you deal with symbols? In general, and in particular here with this work? The keys are simply aligned in a row, like jewelry, they are just shaped metal parts. At the same time you're also showing me a bit of a symbol, right?

That's a method, yes... finding symbols, but also moving away from symbolism again when I say, "Okay, a key is really just metal." But then again it has this symbolic form. It goes in and out of symbolism. I'm placing it. At the same time, it is just metal, with an entire production chain behind it. Meaning is a dimension humans impose at the end of this chain. The chain has to do with us — or not with us. I think using this entire bandwidth is interesting.

And part of this bandwidth includes talking with the key maker about why (laughs) you need two hundred of these things?

Exactly. Not only that I needed so many copies, but also how every new copy was supposed to be the copy of the copy of the copy (laughs) so that the notches of the teeth gradually dematerialize from copy to copy.

Are you supposed to know whose key that was? Or not?

In this case it was actually my mother's key. I was thinking I wanted to use a symbolic key. It could also have been my house key too. But it's like DNA, if you step outside of something you lose information, but something changes, and other things come into play.

Stepping outside of the darkroom and entering a symbolic universe, but where you also can't live permanently, right?

(laughs)

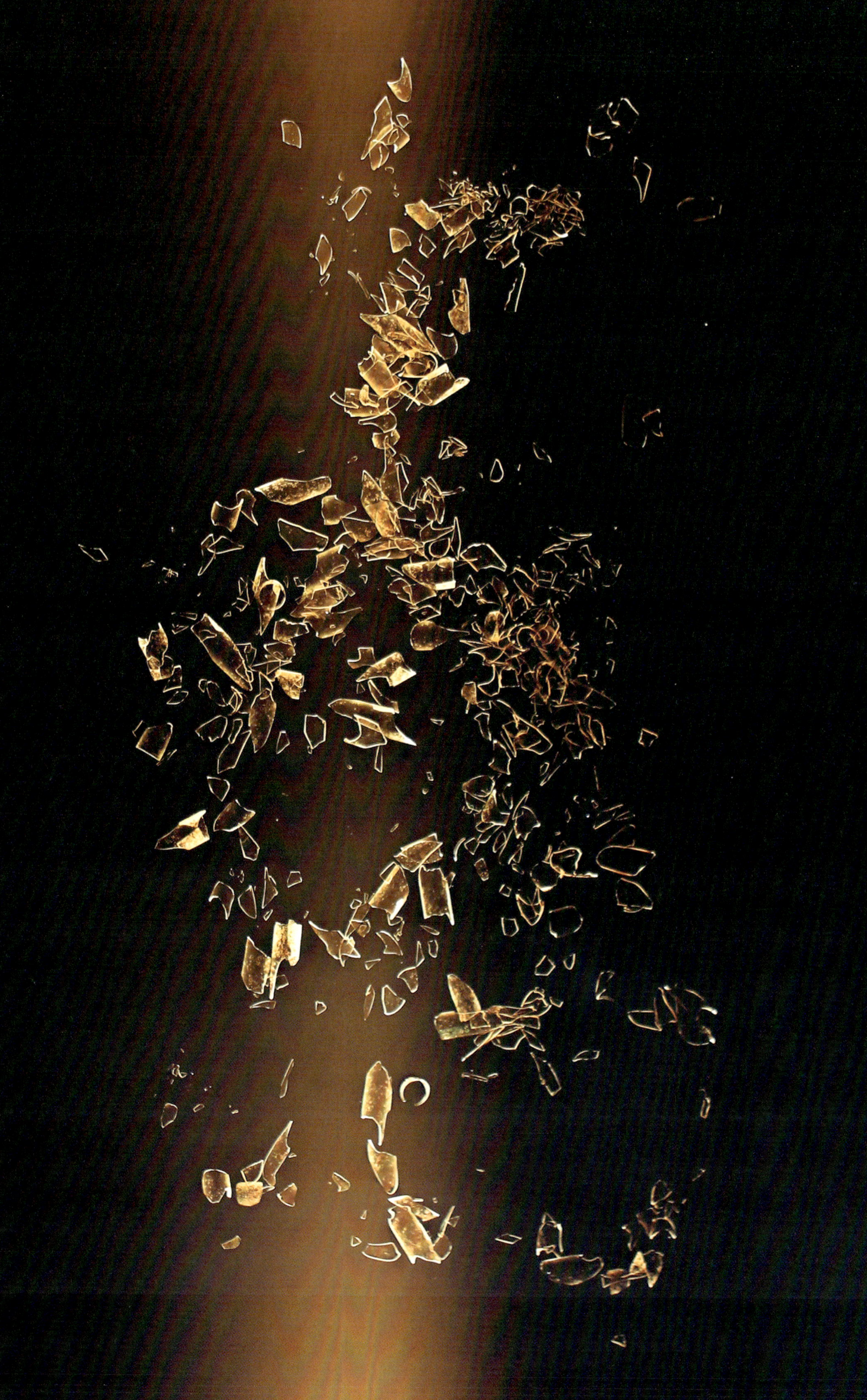

Und zu der Bandbreite gehören Gespräche mit dem Schlüsselmacher darüber, wozu (lacht) man zweihundert von den Dingern braucht?

Genau. Nicht nur, weil ich so viele Kopien brauchte, sondern vor allen Dingen, weil jede neue Kopie die Kopie von der Kopie von der Kopie sein soll (lacht), sodass die Form der Einkerbung von Kopie zu Kopie immer mehr verschwindet.

Kann man wissen, wessen Schlüssel das war? Oder nicht?

In dem Fall war es tatsächlich der Schlüssel meiner Mutter. Ich hatte mir überlegt, ich will einen symbolischen Schlüssel nehmen. Er hätte auch von mir zu Hause sein können. Es ist wie eine DNA, wenn du rausgehst aus etwas, verlierst du Informationen, es verändert sich was, etwas anderes spielt eine Rolle.

Rausgehen aus der Dunkelkammer und rein in ein symbolisches Universum, wo man aber auch nicht auf Dauer wohnt, ne?

(lacht)

Weil irgendwann (lacht) geht die Tür nicht mehr ... (lacht)

Gehen die Türen nicht mehr? (lacht) Du meinst, das Leben?

Wenn ich jetzt mal auf der symbolischen Ebene zwei Schritte weitergehe, dann komme ich über das Schicksalshafte irgendwie zu einer Verbindung von Schlüssel, Ekstase, Unfall, also ...: Du hast gesagt „Mysterium". Also ich komme vom Mysterium zum Geheimnis, von so einem Erlebnis in so einem Farbraum zu einem Code aus Schlüsseln, aus Objekten oder zu Spuren. Vielleicht ist es noch kein Geheimnis, vielleicht ist es einfach eine Spur von irgendwas, aus der ich schon irgendwie lesen könnte: „Hier ist was passiert."

Was Transformatives. Bewegung einfach.

Aber wenn die Bewegung zum Unfall führt – wie bei dem Motorrad und Auto am Anfang – dann heißt transformativ: „Es ist irreversibel." Die Fotogramme sind auch irreversibel. Wenn das Licht einmal auf das Papier gefallen ist, gibt es keinen Weg zurück ...

Genau. Deshalb habe ich bis jetzt auch viel mit Fragmenten gearbeitet. Ein Bruchstück war Teil

Because someday (laughs) the door doesn't open anymore... (laughs)

The doors don't open anymore? (laughs) You mean, life?

If I take two more steps here on a symbolic level then I arrive somehow at a connection between key, ecstasy, and accident, so... you said "mystery," so I go somehow from mystery to enigma, from such an experience in such a color space to a code of keys, objects or to traces. Maybe it's still not an enigma, maybe it's just a trace of something where I could already read somehow: "Something happened here."

Something transformative. Just movement.

But if the movement leads to the accident — like the motorcycle and car in the beginning — then transformative means: "It's irreversible." The photograms are also irreversible. Once the light has fallen on the paper there's no way back...

Exactly. That's why I've also worked a lot with fragments so far. A fragment was part of something but also has a total life of its own and its own new meaning and a new relation to other things through this function or dysfunction. That is actually always irreversible.

Something falls apart, a fragment remains. It's not less as a result of this... it's not diminished in its power to be. An accident has something irreversibly fateful about it, but it's not necessarily tragic...

Maybe that sounds a bit bananas (laughs). For a long time a search for identity has been reflected in my work, but at the same time also a recognition that what exists is only movement. There is no intrinsic identity really. You can look back, but what exists is just this energy that sets things in motion. I experienced very moving moments with ayahuasca in Colombia for several days when I was there in the jungle. At the time, I had this kind of sculptural question for the jungle (laughs): What is the world made of? What is matter? That was more than answered but on a level I didn't anticipate. But what can you expect? What I was shown is the living and dying of all things within this movement, that nothing ends in death. How is everything constructed? The constant self-division of molecules is a fundamental trait of matter and

von etwas, lebt aber auch komplett für sich selbst weiter und hat eine eigene neue Bedeutung und einen neuen Bezug zu anderen Dingen durch diese Funktion oder Dysfunktion. Und das ist eigentlich immer irreversibel.

> Etwas fällt auseinander, es bleibt ein Fragment zurück. Es ist dadurch nicht weniger ... es ist in seiner Kraft, zu sein nicht vermindert. Der Unfall hat etwas irreversibel schicksalhaftes, ist deswegen aber nicht notwendig eine Tragödie ...

Vielleicht klingt das jetzt ein bisschen Banane (lacht), in meiner Arbeit spiegelt sich seit Langem eine Suche nach Identität wieder, aber gleichzeitig auch ein Begreifen, dass es nur Bewegung gibt. Identität, die gibt es so gar nicht. Also man kann zwar zurückblicken, aber das Existente ist einfach nur diese Energie, die Dinge in Bewegung bringt. Ich habe für mich sehr bewegende Momente mit Ayahuasca in Kolumbien gehabt, als ich da im Dschungel war, mehrere Tage. Zu dem Zeitpunkt hatte ich wirklich so eine bildhauerische Frage an den Urwald (lacht): Woraus besteht die Welt? Was ist Materie? Das ist mehr als beantwortet worden, aber auf einer unverhofften Ebene. Womit rechnet man auch? Was ich gezeigt bekommen habe, ist das Leben und Sterben von allen Dingen in dieser Bewegung, dass mit dem Tod nichts endet. Das Spalten von Molekülen oder ... Wie ist alles aufgebaut? Das ständige Sich-Spalten der Moleküle ist der Grundzug von Materie und allem, was lebendig ist. Und da ist viel mehr lebendig, als wir eigentlich glauben. In dem Moment, wo es sich bewegt, ist es lebendig, es ist nicht tot. An diese Erfahrung versuche ich irgendwie in meinen Arbeiten heranzukommen.

> Auf welcher Ebene nimmt man solche Sachen wahr? Wie kommt das durch?

Also, ich weiß es ja auch nicht, (lacht) aber ich glaube, dass tatsächlich diese Ayahuasca Pflanze Informationen vermittelt dadurch, dass man in Kontakt mit ihr kommt, wenn man sie zu sich nimmt. Man hat eine Art Trip, man sieht Bilder, die sich entwickeln. Der Schamane macht einen Sound dazu, der leitet einen in diese Visionen und führt einen mit dem Rhythmus mit. Dieser Sound war sehr schnell, er hatte vom Beat her etwas von Technomusik, so fff, fff, fff. Der Schamane hat viel mit seinem Atem gemacht, das klang wie Wind in Blättern, nonstop dieses fff, fff, fff, fff, fff. Das trägt einen über Stunden auf dieser Reise, ... Der Schamane hat klargemacht, dass wir den Urwald

all that is alive. Far more is living than what we currently think. The moment something moves, it's alive, it's not dead. I try to somehow get at this experience in my work.

> On what level does one perceive such things? How does that happen?

Well, I also don't know (laughs), but I believe that the ayahuasca plant actually conveys information when you come into contact with it by consuming it. You have a kind of trip; you see images that develop. The shaman makes sounds that guide you towards these visions and leads you along with the rhythm. The sound was very fast, it had a kind of techno music beat, like fff, fff, fff. He was doing a lot with his breath; it sounded like wind rustling through leaves, this nonstop fff, fff, fff, fff, fff, carrying you along for hours on this journey... The shaman made it clear that we should ask the jungle for something. An exchange takes place with the plant. It's like a little machine, an organ, an organism. For me it's like this: when I touch this edge of the table, I feel it. If the edge were to go further into me, it would hurt me. Then my body would perceive that on another level. The edge is actually neutral in itself. What we perceive is likewise neutral. We have our bodies and minds to get us started, to find our way around, to question things and to create a space, a world in which we then engage with others. Hellen Keller writes about this. Thinking about and situating the body is totally important. Visions and dreams are part of this. You enter a realm there that's otherwise not allowed. The question is what language do we create for the experiences and modes of thinking that come about in these realms? How do you train the intuition for our reacting with everything and everything reacting with us?

> The white-cube exhibition is a kind of modern space where such experiences seem misplaced under certain circumstances. So is a specific codification required to convey such things?

Good question. You can also be branded for this. It would be unfortunate if other aspects were obscured by simply talking about ayahuasca, as if I were saying the work is about that. Then that's the only way it'll be interpreted. I mention it in this conversation because I think it's relevant to discuss that this level exists. It's just one of many. Someone may pounce on this or be indignant about it. But why should one leave out an experience? That's why I practice this entering into something representational, symbolic and also moving back out

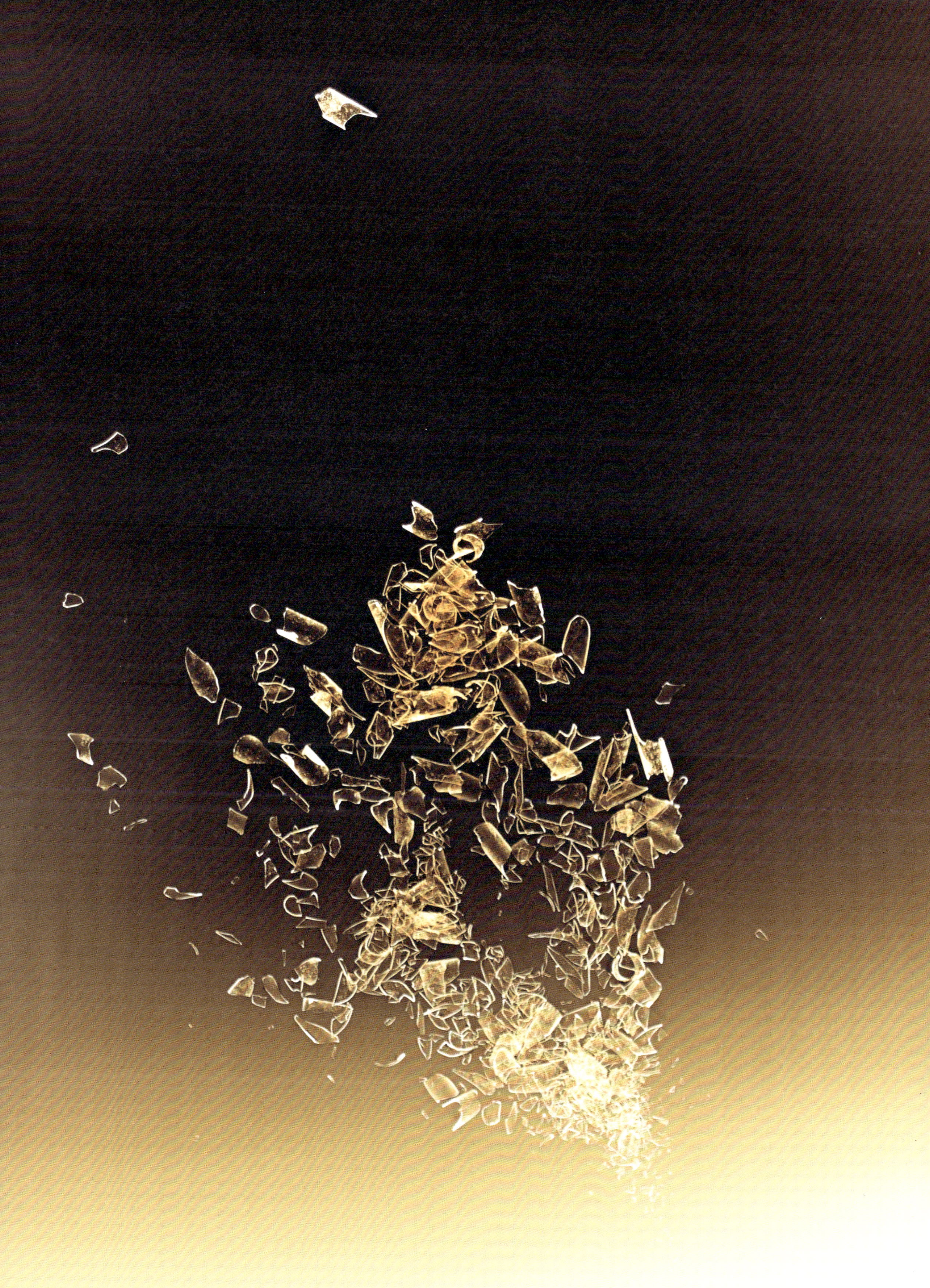

nach etwas fragen sollen. Da findet ein Austausch mit der Pflanze statt. Sie ist wie eine kleine Maschine, ein Organ, ein Organismus. Für mich ist das so: Wenn ich diese Tischkante anfasse, spüre ich sie. Wenn diese Kante noch stärker in mich eindränge, würde sie mich verletzen. Dann würde mein Körper das auf einer anderen Ebene wahrnehmen. Die Kante ist aber eigentlich neutral. Genauso ist, was wir wahrnehmen neutral. Wir haben Körper und Geist, um mit den Dingen etwas anzufangen, uns zurechtzufinden, was infrage zu stellen und so einen Raum, eine Welt, zu kreieren, in der wir uns dann austauschen. Helen Keller schreibt darüber. Das Denken und Verorten über den Körper ist total wichtig. Visionen und Träume sind Teil davon. Dabei geht man in einen Raum, der sonst nicht zugelassen wird. Die Frage ist, welche Sprache wir kreieren für die Erfahrungen und Denkmuster, die in diesen Räumen entstehen? Wie schult man die Intuition dafür, dass wir mit allem reagieren und alles mit uns reagiert?

Die White-Cube-Ausstellung ist ein derartig moderner Raum, dass solche Erfahrungen unter Umständen fehl am Platz wirken. Braucht es dann eine gewisse Kodifizierung, um solche Sachen zu vermitteln?

Gute Frage. Man kann auch dafür abgestempelt werden. Es wäre schade, wenn ich andere Sachen dadurch unsichtbar mache, wenn ich nur über Ayahuasca reden würde, als ob ich sagen wollte: „In der Arbeit geht es darum." Dann wird das auch nur so gelesen werden. Mich interessiert das jetzt im Gespräch, weil ich dir mitteilen kann, dass es diese Ebene gibt. Es ist nur eine von vielen. Aber manche stürzen sich dann darauf oder sind peinlich berührt. Warum aber soll man eine Erfahrung auslassen? Deshalb praktiziere ich diesen Weg in etwas Darstellendes, Symbolisches und auch wieder raus in die Abstraktion, dass ich zu Menschen zurückkehre, aber in meiner Arbeit sind so gut wie keine Menschen. Ich spreche über den Menschen, aber in einer abstrakteren Form. Ich umtanze das (lacht) ...

Der Grund, warum mich Abstraktion beim essayistischen Schreiben anzieht, ist genau das: dass ich verschiedene Ebenen übereinander lagern kann, ohne Dinge direkt aussprechen zu müssen, im Vertrauen darauf, dass bestimmte Unter- und Obertöne schon mitschwingen, wenn man die Seiten auf eine gewisse Art und Weise anschlägt. Ich stelle mir dreiundvierzig Sachen gleichzeitig vor, Erinnerungen, Charaktere, Situationen und versuche sie in einem

again into abstraction, coming back to people. But there are virtually no people in my work. I mean humankind, but in a more abstract form. I dance around that (laughs)...

This is precisely the reason why I'm attracted to abstraction when writing essays: I can layer various levels over one another without having to articulate things directly, in the confidence that specific under- and overtones will resonate when you turn the pages in a certain way. I imagine forty-three things at the same time: memories, characters, situations, and try to portray them all at once. You're right. If you filter out individual over- or sub-tones from the overall vibe and look at them in isolation, that doesn't say anything about the overall tone, because the tone consists of everything that resonates there. Abstraction is not a metalanguage. Abstraction creates a multilayered sound, like inside a bell where sound bounces back and forth and frequencies continually modulate one another.

(laughs) That's good. Hmmm. There's peace in expressing in as multilayered a way as possible.

Or it really sets off an alarm (laughs), like inside a bell...

Yes, I think the relationship between abstract and non-abstract has to be a dance where each is capable of canceling the other out in a showdown. I have that in the works: as soon as several levels exist interferences come into play, a moiré effect is suddenly created.

But if I could briefly entice you toward the biographical level once again. Here irreversibility, accident, can also mean something like "stroke of fate," like trauma or death: the world is different afterwards. What does it mean for you to build a relationship to this with art?

So I realized that one way of dealing with traumas is to imagine death, my own and that of others, losing everything. The worst thing you can imagine happens in your mind's eye, and so you "own" it, you preside over it. But since life cannot be totally controlled and understood, it's also nonsense to even try. Control and loss of control, everyone actually knows that. That's what wears you down, right? Experiencing extremes just helps deal with this. At least in that instant you have something in reach and a certain sense of peace. I once had an accident where I thought,

Zug zu porträtieren. Du hast recht. Wenn man dann aus der gesamten Schwingung einzelne Ober- oder Subtöne herausfiltert und isoliert betrachtet, sagt das über den Gesamtton nichts aus, da der Ton aus allem besteht, das mitschwingt. Abstraktion ist keine Metasprache. Abstraktion erzeugt einen vielschichtigen Klang, wie in einer Glocke, in der Schall hin und her schwingt und sich Frequenzen fortlaufend gegenseitig modulieren.

(lacht) Das ist gut, hmm. Es bringt einen Frieden, sich so vielschichtig wie möglich auszudrücken.

Oder es macht richtig Alarm, (lacht) wie in einer Glocke...

Ja, ich finde die Beziehung von Abstraktem und Nichtabstrakten muss ein Tanz sein, in dem sie sich kräftemessend auch gegenseitig aufheben können. Ich habe das in den Arbeiten drin: Sobald es mehrere Ebenen gibt, kommt es zu Interferenzen, es entsteht plötzlich ein Moiré-Effekt.

Aber wenn ich dich noch einmal kurz auf die biografische Ebene herauslocken könnte. Irreversibilität, Unfall kann da auch so etwas wie „Schicksalsschlag" bedeuten, wie Trauma oder Tod: Die Welt ist danach anders. Was heißt es für dich, mit Kunst dazu eine Beziehung aufzubauen?

Also ich habe gemerkt, eine Art mit Traumata umzugehen ist, mir den Tod vorzustellen, meinen eigenen und den von anderen, alles zu verlieren. Das Schlimmste, das man sich vorstellen kann, spielt sich vor dem inneren Auge ab, und dadurch „besitzt" man es, man verfügt darüber. Da das Leben aber nicht total zu kontrollieren und verstehen ist, ist es aber auch Schwachsinn, es überhaupt zu versuchen. Kontrolle und Kontrollverlust, das kennt eigentlich jeder. Das ist, was einen so aufreibt, oder? Das Durchspielen von Extremen hilft mir einfach. Da hat man wenigstens in diesem Moment etwas in den Händen und einen gewissen Frieden. Ich hatte mal einen Unfall, bei dem ich dachte: „Dein Leben ist vorbei." Und ich habe das auch noch Wochen danach gedacht... Aber wenn man das begreift, dann ist das Leben nicht so wie vorher, kann auch nicht so weitergehen. Das ist ein sehr bewegender Moment, also eine Chance... Es bewegt sich.

"Your life is over." I thought that for weeks afterwards. But when you realize that life is not like it was before, it can't go on like that, that's also a very moving moment, and therefore a chance... It remains in motion.

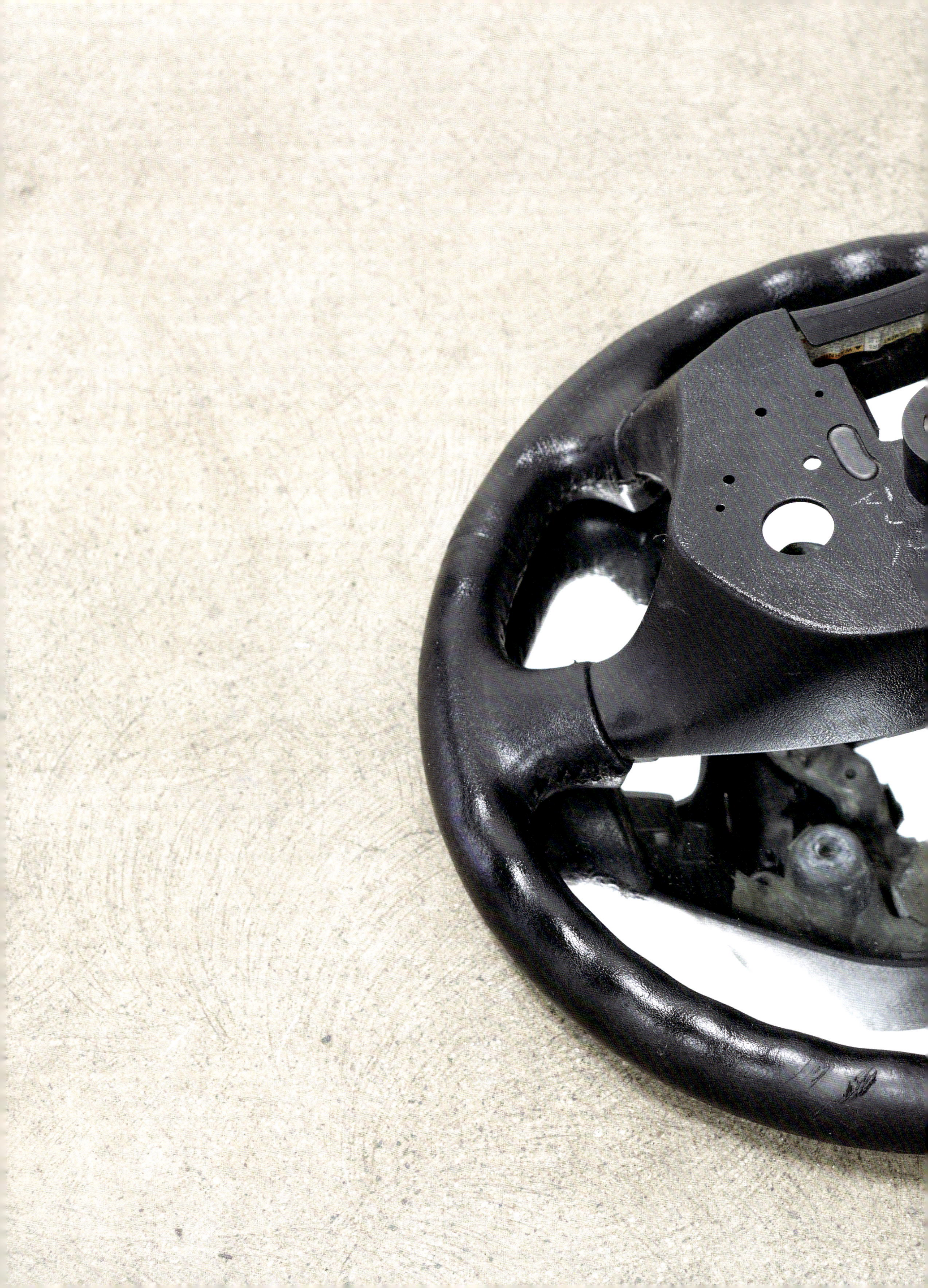

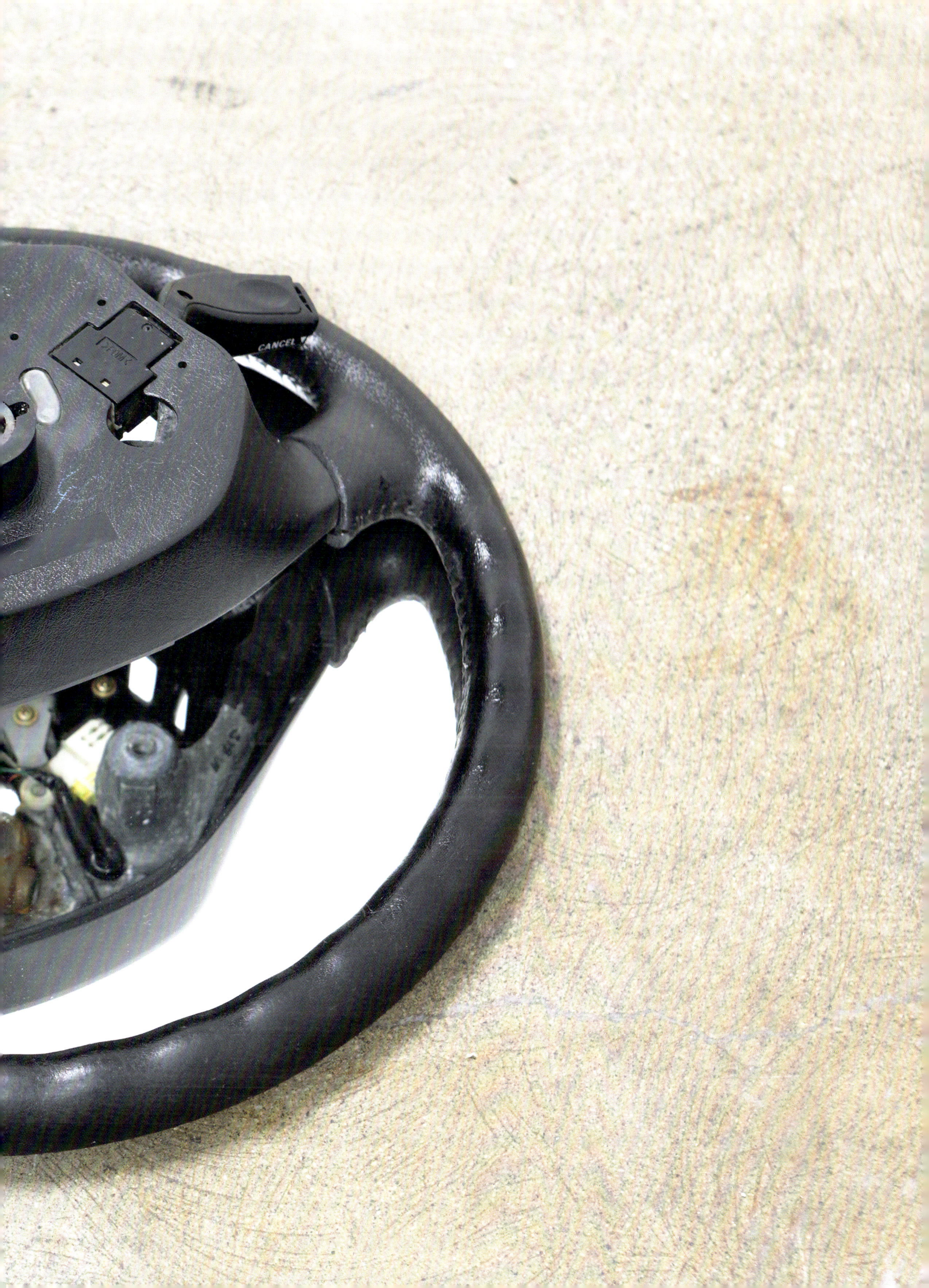
CANCEL

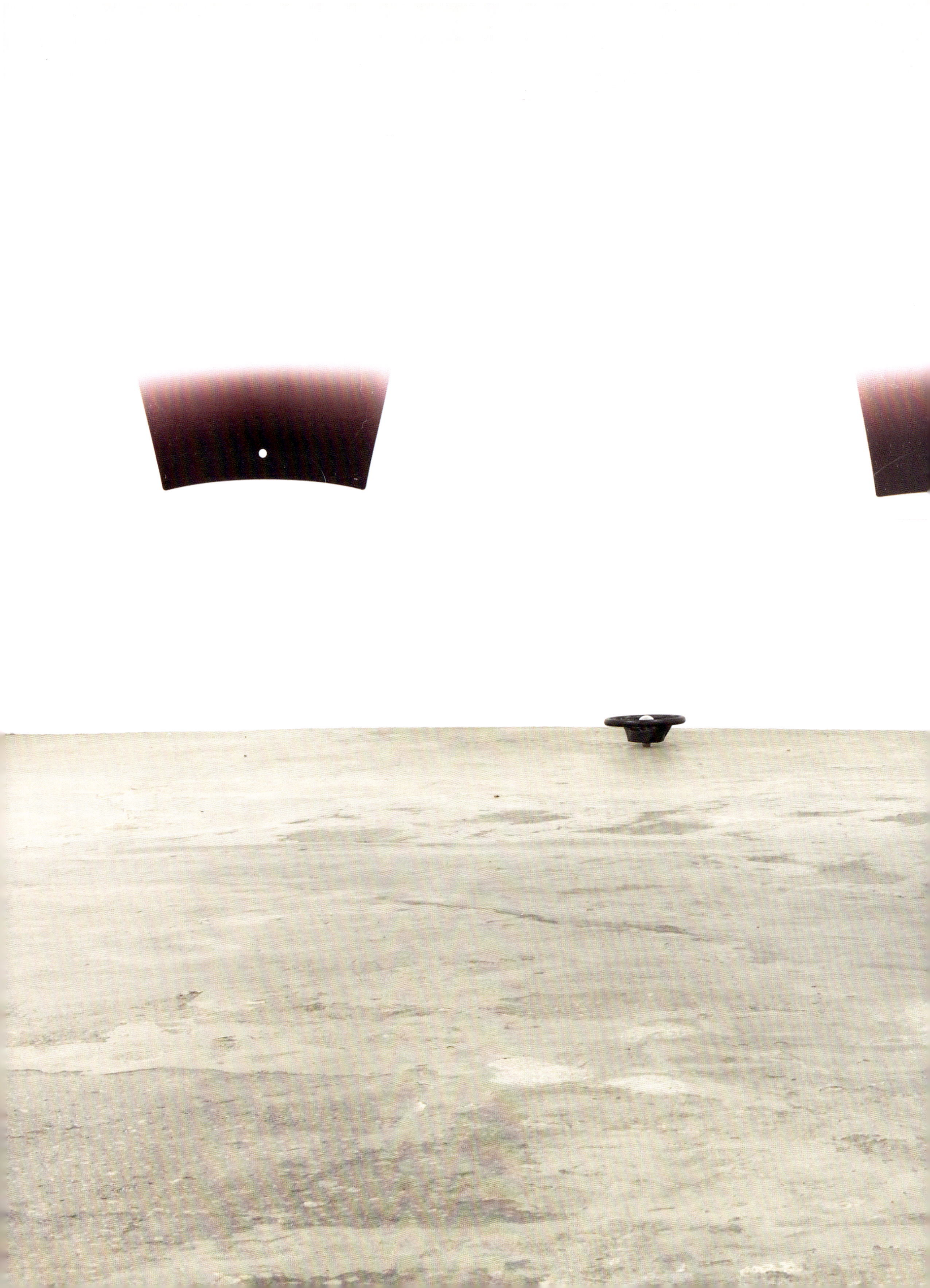

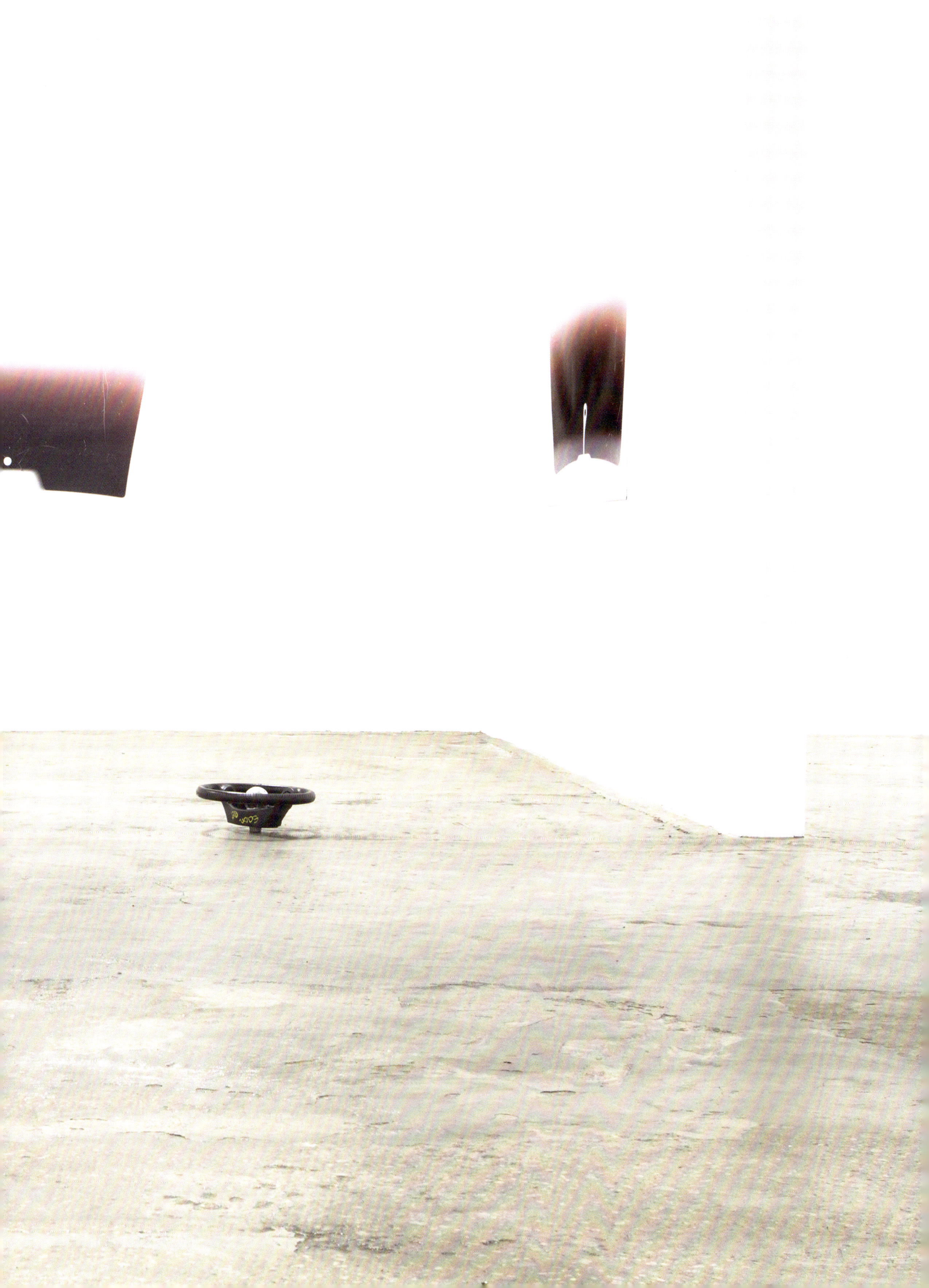

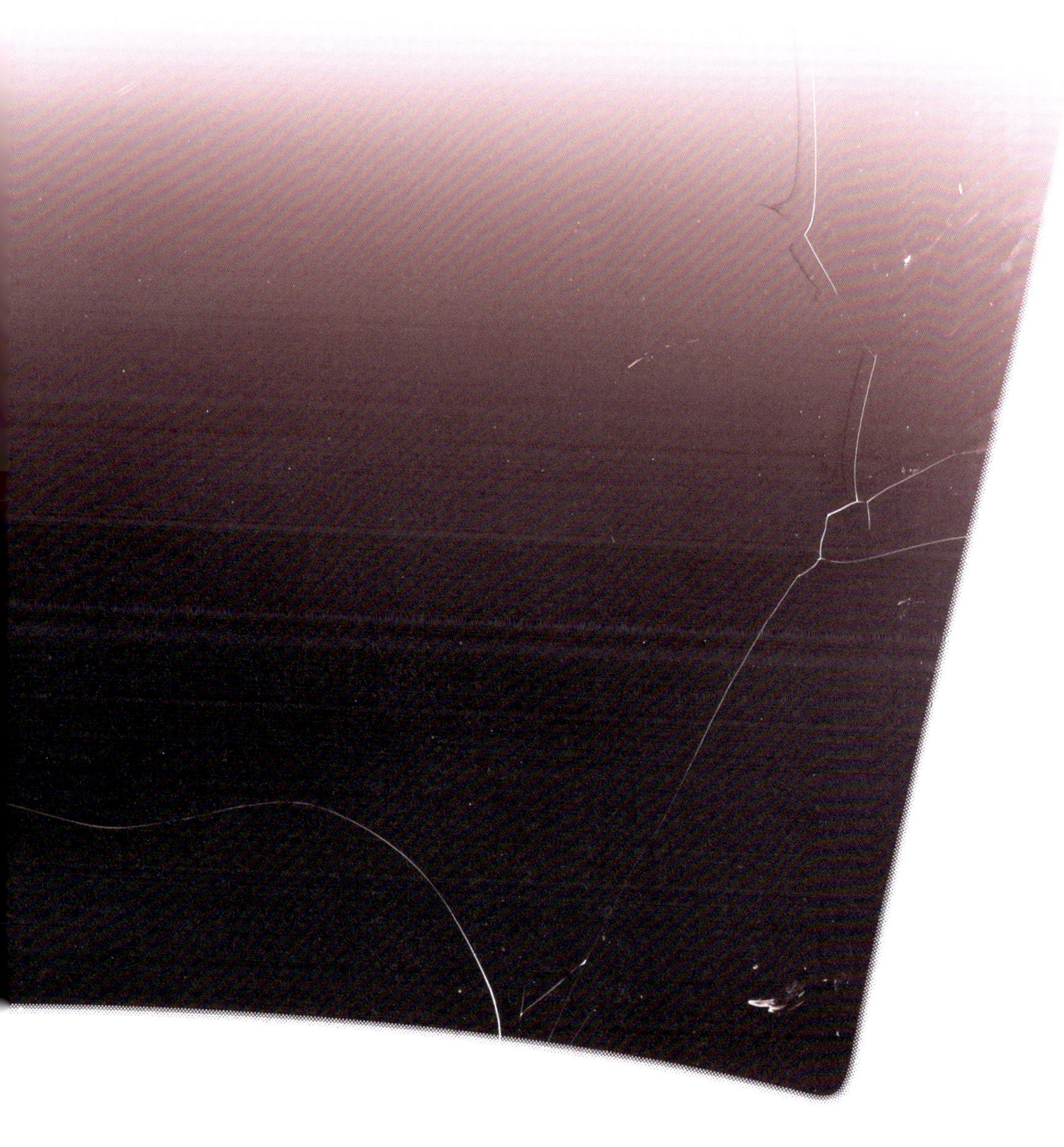

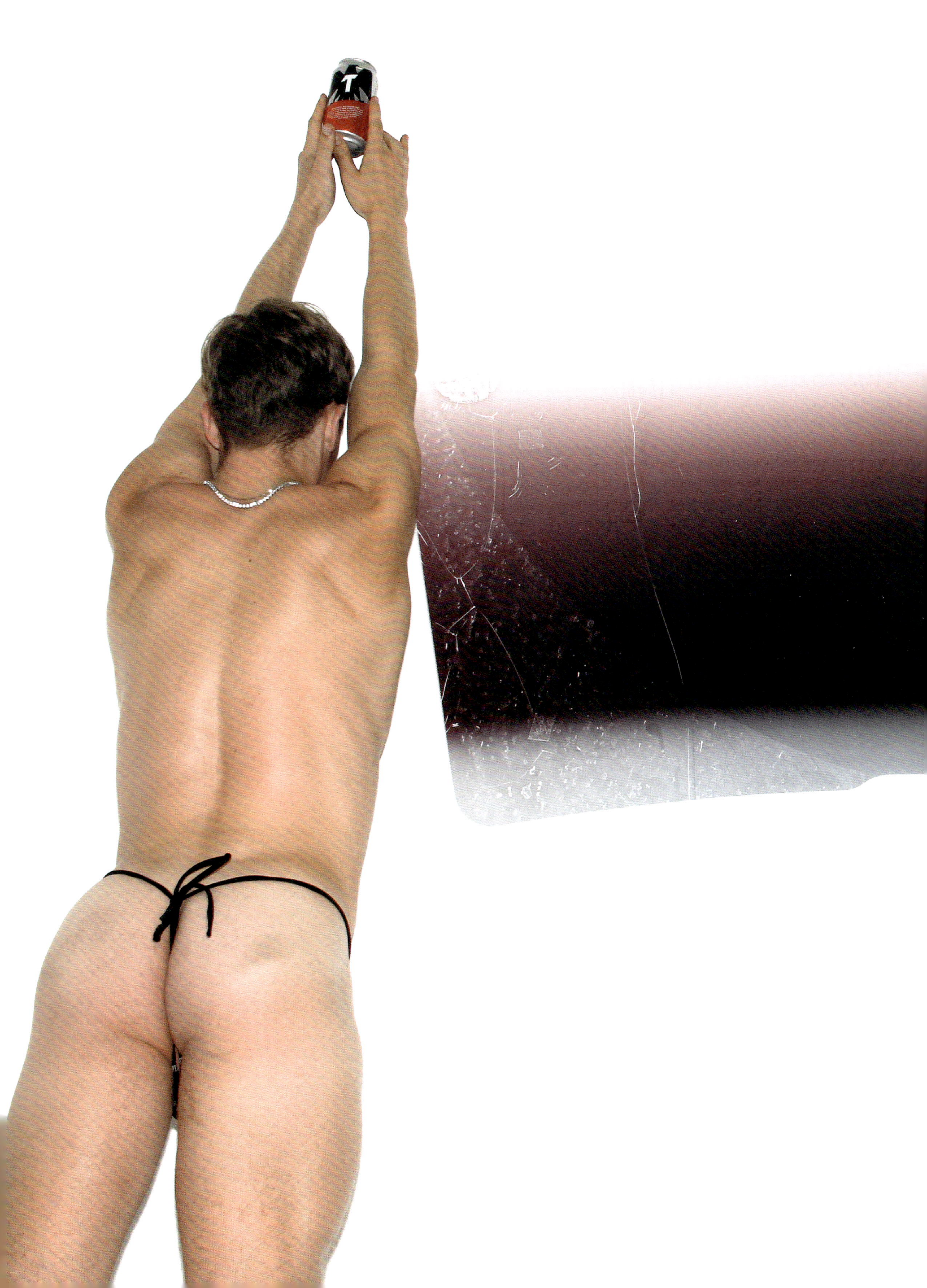

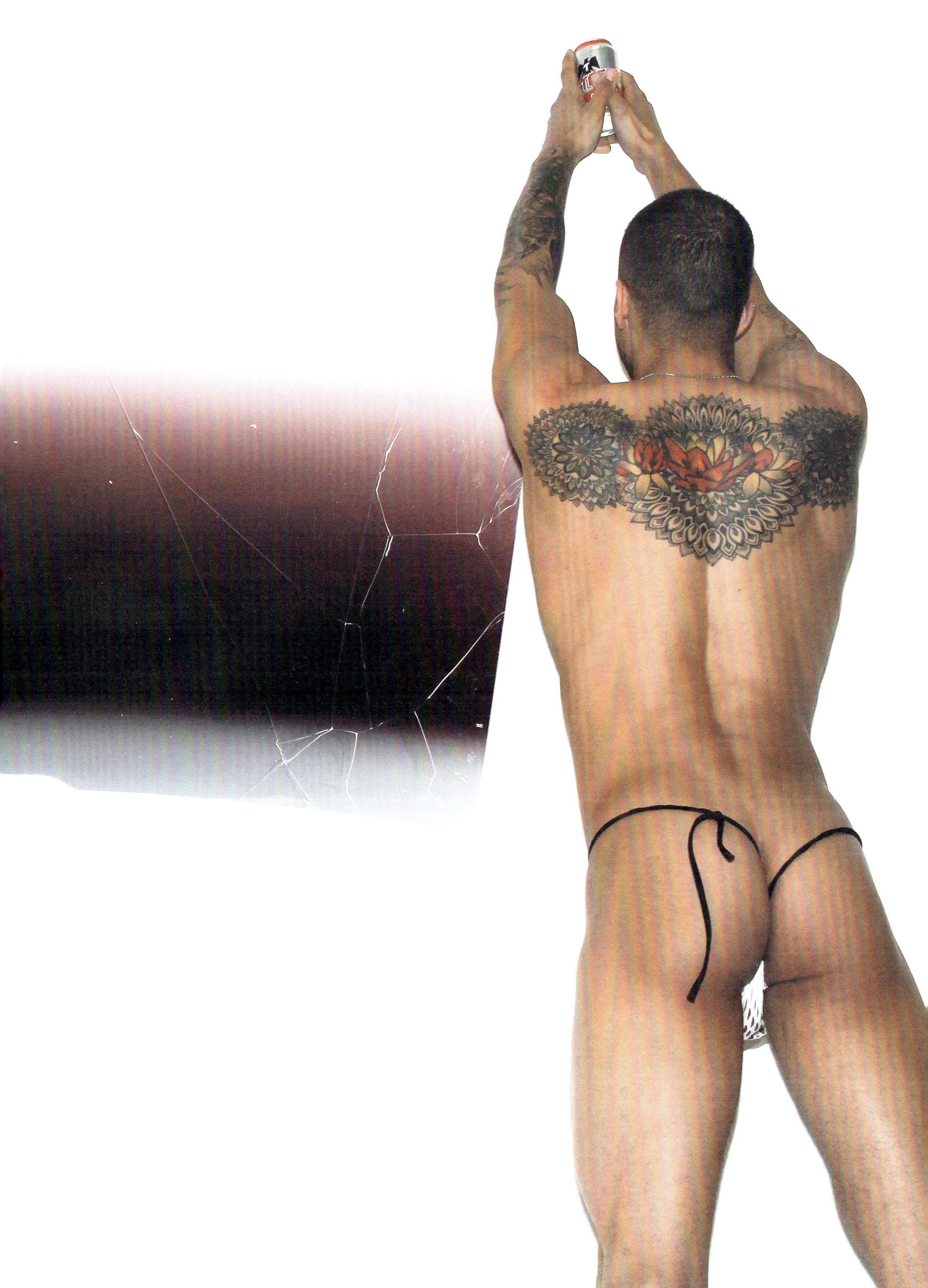

Werkliste / Index of Works
Biografie / Biography
Impressum / Colophon

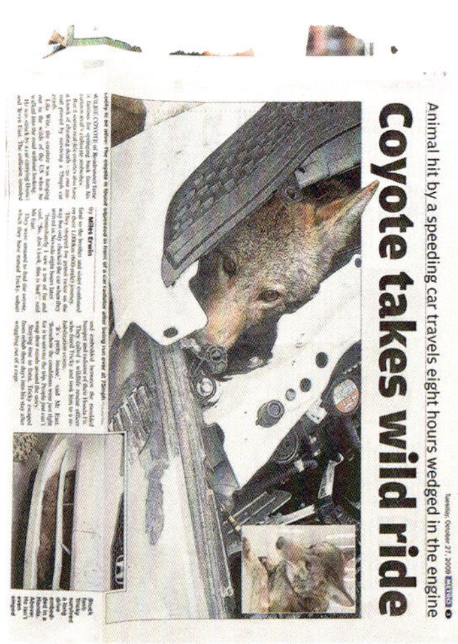

Coyote takes wild ride

Animal hit by a speeding car travels eight hours wedged in the engine

Metro (Zeitung / newspaper),
UK, 27. Oktober 2009 / October 27, 2009

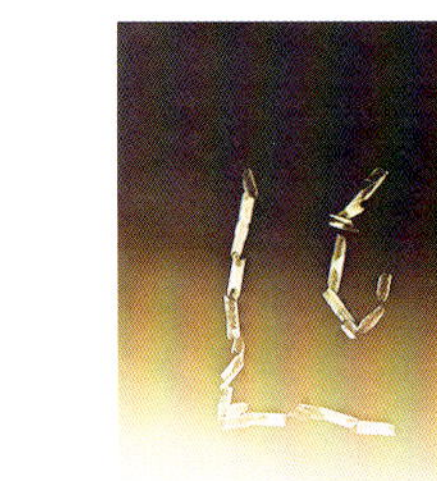

DOOR AWAY
2017, Türscharnier und Türgriff / door hinge and door handle
14 × 5 × 72,4 cm / 5.5 × 2 × 28.5 in

THROWING BONES II
2016, Fotogramm gebrochener Neonröhre / photogram of broken neon light
82 × 60 cm / 41.5 × 32 in

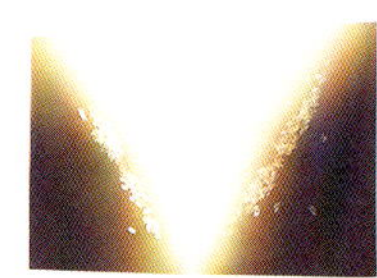

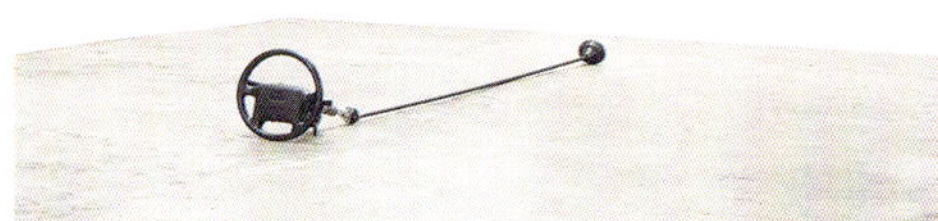

VELOCITY QUOTATION II
2017, Lenkrad, Toilettensaugnapf / steering wheel, toilet plunger
70 × 80 × 890 cm / 27.6 × 31.5 × 350.4 in

LINES I
2017, Fotogramme gebrochener Neonröhren / photograms of broken neon lights
148,6 × 208,3 cm / 58.5 × 82 in

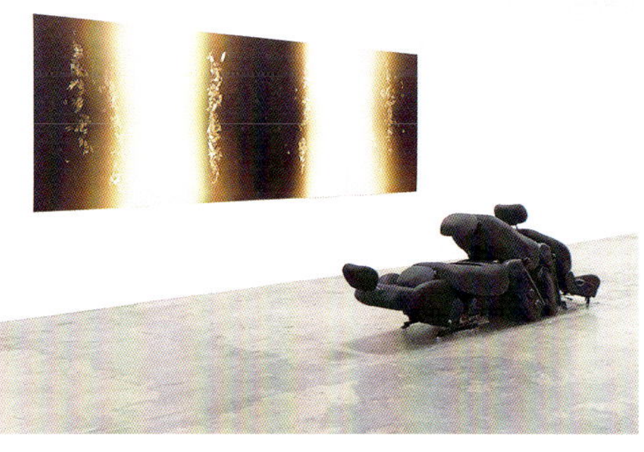

LINES II
2017, Fotogramme gebrochener Neonröhren / photograms of broken neon lights
147,3 × 421,6 cm / 58 × 166 in

VELOCITY QUOTATION I
2017, Autositze eines Unfallautos / car seats from a car accident
70 × 80 × 890 cm / 27.6 × 31.5 × 350.4 in

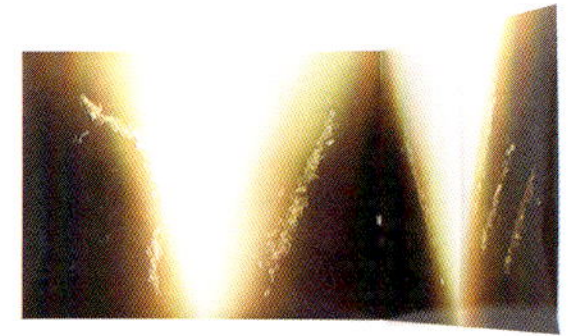

IT SEEING IT SEEING IT (DETAIL)
2017, Kindersicherheitssitz, Scanner / Printer, Fahrradhelm / child security seat, scanner / printer, bicycle helmet
50,8 × 61 × 109 cm / 20 × 24 × 43 in

LINES VI
2017, Fotogramme gebrochener Neonröhren / photograms of broken neon lights
148,6 × 416,6 cm / 58.5 × 164 in

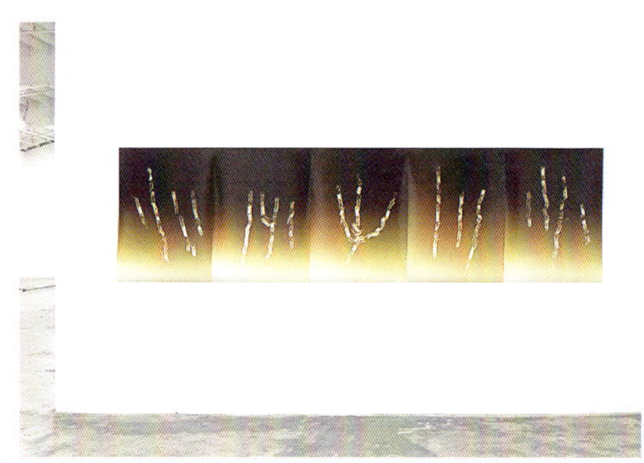

THROWING BONES I
2016, Fotogramme gebrochener Neonröhren / photograms of broken neon lights
82 × 360 cm / 41.5 × 141.7 in

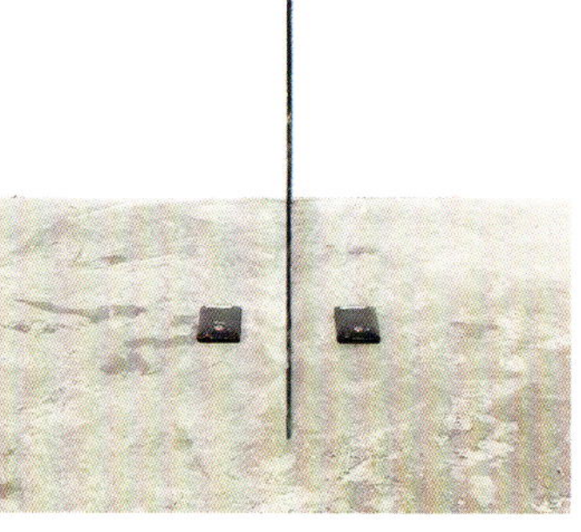

DOOR SELL
2017, zwei Sprint HTC Android Mobiltelefone, gefundene Glasscheibe mit Fingerabdrücken / two Sprint HTC Android mobile phones, found sheet of glass with fingerprints
97 × 38 × 87 cm / 38.2 × 15 × 34.3 in

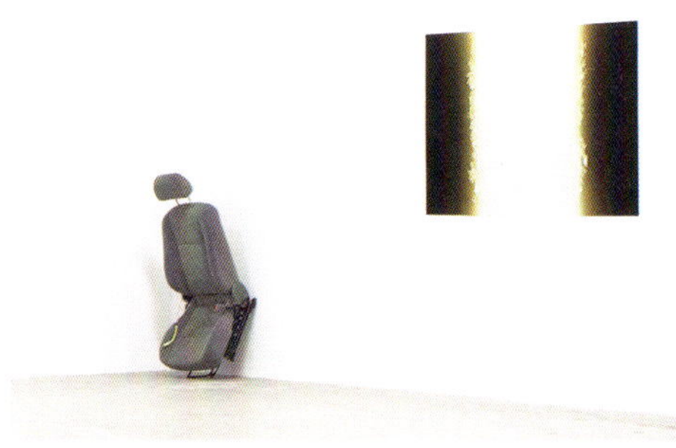

YELLOW MELLOW
2017, Autositz eines Unfallautos / car seat from a car accident
150 × 80 × 45 cm / 59 × 31.5 × 17.7 in

LINES VII
2017, Fotogramme gebrochener Neonröhren / photograms of broken neon lights
148,6 × 416,6 cm / 58.5 × 164 in

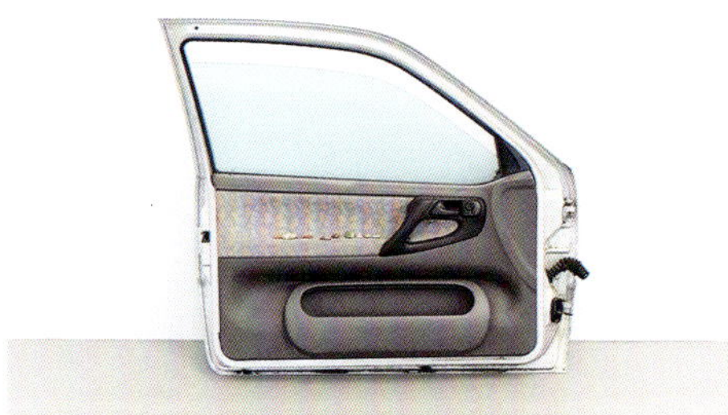

KIDNEY STONES
2018, Autotür, Steine, Digitalkamera / car door, stones, digital camera
113 × 27 × 122 cm / 44.5 × 10.6 × 48 in

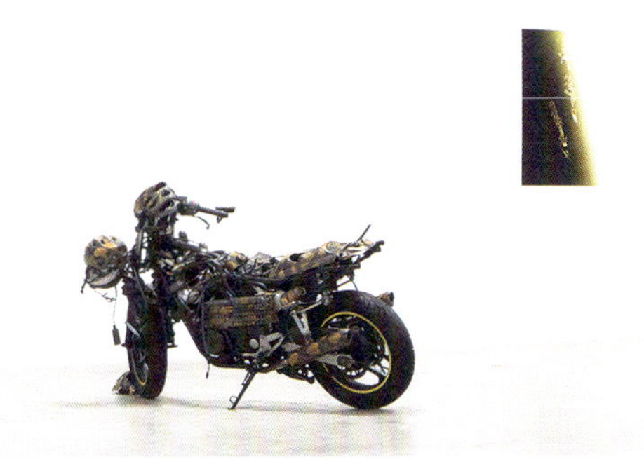

TWIN SERPENT
2017, Motorrad, Mobiltelefone, Digitalkamera, Solarrechner, PC-Tastatur, Fahrradhelm, Fußball, Coke-Dose, Eierschalen, Nagellackflasche, Lippenstift, Teile eines Ventilators, Teile eines Staubsaugers, Golfschläger / motorbike, mobile phone, digital camera, solar calculator, keyboard, bicycle helmet, football, Coke can, egg shells, nail polish container, lipstick, fan part, vacuum cleaner part, golf club
110 × 71 × 203 cm / 43 × 28 × 80 in

LINES III
2017, Fotogramm gebrochener Neonröhre / photogram of broken neon light
105,4 × 82,5 cm / 41.5 × 32.5 in

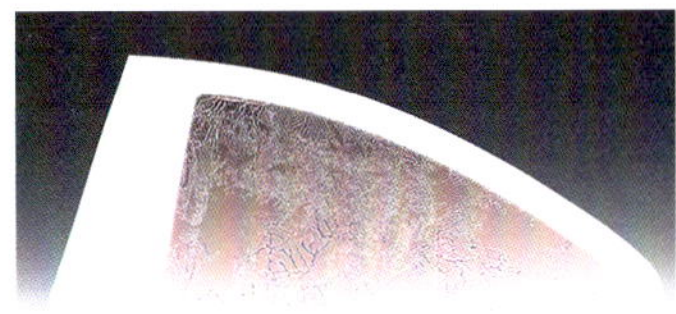

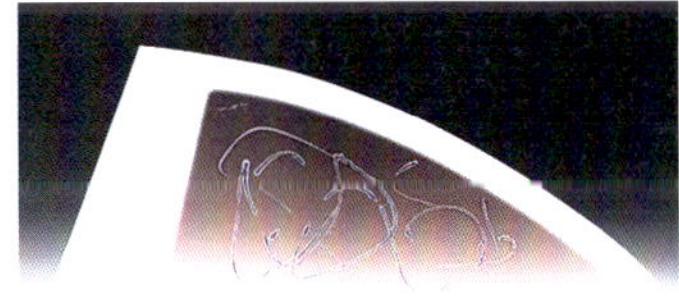

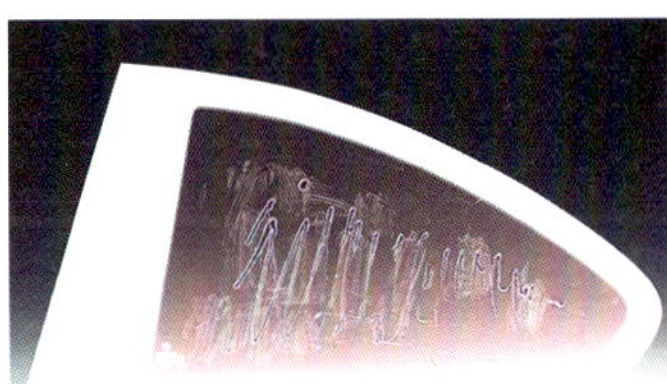

NATURE, I-III
2019, Fotogramme von Seitenwindschutzscheiben / photograms of side window of a car
je 60 × 76 cm / each 23.6 × 29.9 in

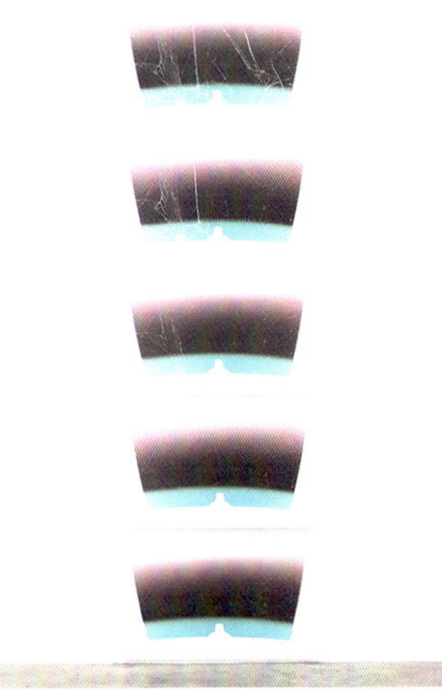

SO FAR SO GOOD
2017, Fotogramme zerbrochener Autowindschutzscheiben / photograms of broken windshields
je 105 × 149 cm / each 41 × 58.5 in

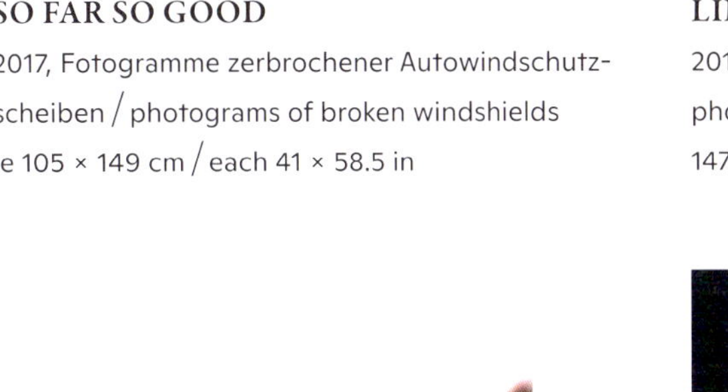

ORBUCULUM II, III
2017, Lenkrad, verspiegelte Glühbirne / steering wheel, chrome light bulb
je 13 × 36 × 36 cm / each 4 × 14 × 14 in

SO FAR SO GOOD I, II III
2017, Fotogramme zerbrochener Autowindschutzscheiben / photograms of broken windshields
je 105 × 149 cm / each 41 × 58.5 in

LINES XV
2019, Fotogramm gebrochener Neonröhre / photogram of broken neon light
147,3 × 106,7 cm / 58 × 42 in

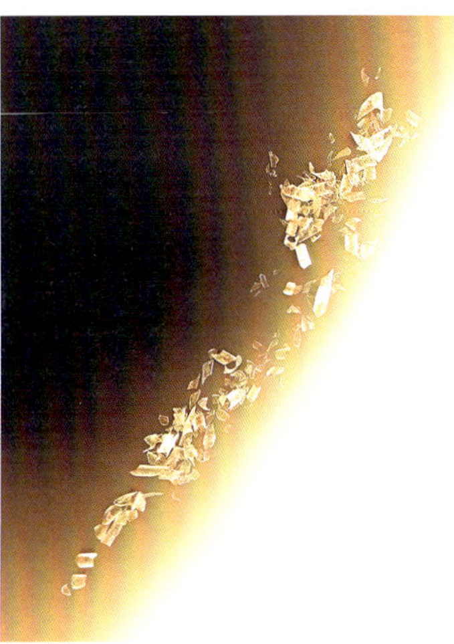

LINES XIII
2019, Fotogramm gebrochener Neonröhre / photogram of broken neon light
147,3 × 106,7 cm / 58 × 42 in

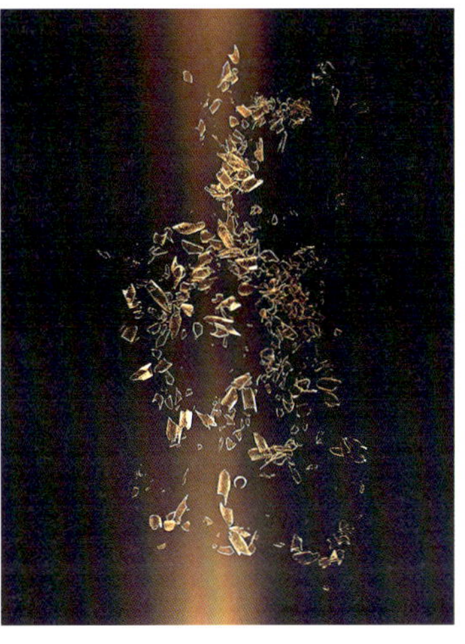

LINES (COCA COLA III)
2019, Fotogramm gebrochener Neonröhre / photogram of broken neon light
147,3 × 106,7 cm / 58 × 42 in

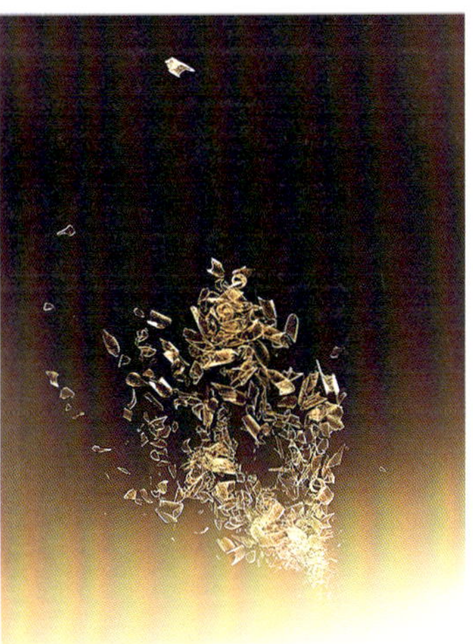

LINES (COCA COLA I)
2019, Fotogramm gebrochener Neonröhre / photogram of broken neon light
147,3 × 106,7 cm / 58 × 42 in

Tatiana Echeverri Fernandez wurde 1974 in San José, Costa Rica geboren. Sie ist eine kolumbianische Künstlerin, die in Medellin, Kolumbien; Rotterdam, Holland und im Ruhrgebiet in Deutschland aufgewachsen ist. Sie lebt und arbeitet in Berlin. Ihr Studium der Freien Kunst absolvierte sie ab 1995 an der Kunsthochschule Kassel bei Urs Lüthi und von 1997 bis 2001 studierte sie an der Kunstakademie Düsseldorf, wo sie Meisterschülerin bei Rosemarie Trockel war. Im Jahr 2005 erhielt sie den Master of Fine Arts am Royal College of Arts in London.
Tatiana Echeverri Fernandez erhielt zahlreiche internationale Auszeichnungen und Preise, u.a. 2017 das Kulturaustauschstipendium des Landes Berlin für Los Angeles, 2010 den Studio East Award in London und 2010 Goldrausch in Berlin. 2008 war sie für den renommierten Charles Wollaston Award an der Royal Academy of Arts in London nominiert, 2005 bekam sie den 3. Preis beim Beck's Futures Film and Video Award, ICA London und 2000 erhielt sie das Reisestipendium des Kunstvereins für die Rheinlande und Westfalen, Düsseldorf. /

Tatiana Echeverri Fernandez was born in 1974 in San Jose, Costa Rica. She is a Colombian artist who grew up in Medellin, Colombia; in Rotterdam, The Netherlands; and in the Ruhr area, Germany. She now lives and works in Berlin.
In 1995, she began her studies in Fine Art at the Kunsthochschule Kassel (under Urs Lüthi) and subsequently in 2001 studied at the Kunstakademie Düsseldorf, where she was a master student under Rosemarie Trockel. Four years later she received her Master of Fine Arts from the Royal College of Arts, London.
Tatiana Echeverri Fernandez has received several international awards and nominations, such as the cultural exchange travel grant from the Berlin Senate for Los Angeles (2017), the Studio East Award, London (2010), and Goldrausch, Berlin (2010). In 2008, she was nominated for the prestigious Charles Wollaston Award at the Royal Academy of Arts in London. In 2005, she was awarded 3rd prize in Beck's Futures Film and Video Award at ICA, London and in 2000 she received the travel grant fellowship from the Kunstverein of Rhineland Westfalia, Düsseldorf.

Einzelausstellungen / Solo Exhibitions
(Auswahl / selection)

2017
Bloodlines and Bones into Space, MaRS, Los Angeles

2016
ACTA (former Data Mining Kiosk)/Exhibition in VII Parts, mit / with Kirsten Palz, nationalmuseum, Berlin

2015
Data Mining Kiosk/Sculpture in four Parts, mit / with Kirsten Palz, Grimmuseum Berlin

2013
A leopard cannot change its spots/sad lone scorpions can't get a path, Reception, Berlin

2012
Err OUT, Reception, Berlin

2009
DIN 201, Cabinets, SE8, London
New Plane, Malta Contemporary Art (MCA), Valleta

2008
Werkstatt des Alphabets, Carl Freedman Gallery, London

2006
Nolandscape, Counter Gallery, London

Gruppenausstellungen / Group Exhibitions
(Auswahl / selection)

2019
Hallo Hannah, Shedhalle, Zürich

2018
Verschollene (Collagen von Hannah Höch), Scharaun, Berlin
Imagine a world where the opposite of light isn't dark, Zona, Stettin / Szczecin
Echoes from the Past – Ajan kaikuja, Kerava Museum, Kerava, Finnland / Finland

2017
Do you remember?, Finnland-Institut, Berlin

2016
Kollision. Im Labyrinth der unheimlichen Zufälle, Kunstraum Kreuzberg/Bethanien, Berlin

2015
Regional, International and Extraterrestrial, MaRS, Los Angeles
Imitation Game, Kunst am Bau / public art, Maraya Art Centre / Maraya Art Park, Sharjah, Vereinigten Arabischen Emirate / United Arab Emirates

2014
Pandora, mit / with Beatriz Olabarrieta, Galeria Casado Santapau, Madrid
Voyage Voyage, kuratiert von / curated by Antje Majewski, The Wand, Berlin
Homecomings, Freiraum in der Box, Berlin

2012
A whiter shade of pale, mit / with Bettina Buck, General Public, Berlin
La Lucidezza, Reception, Berlin
Collages, mit / with Robert Motherwell, Martha Rosler, Jean Arp u.a. / and others, L'Espace de l'Art Concrete, Mouans-Sartoux

2011
Session_18_Flat Works, Outpost, Norwich
Hotspot Berlin – Eine Momentaufnahme, Georg Kolbe Museum, Berlin
Cutters, West Cork Arts Centre, Cork

2010
Cicle Infernale, Akinci Gallery, Amsterdam
Tatiana Echeverri Fernandez & B. Hosking, Russian Club Gallery, London
Glass crash feeling, Schaulager Galerie Barbara Thumm, Berlin

2009
Table des Matières, Carl Freedman Gallery, London
Sculpture Show, Eastside Projects, Birmingham
Les Formes Feminines, Trianglefrance, Marseille
Second Hand, Engholm Engelhorn Galerie, Wien / Vienna

2008
Martian Museum of Terrestrial Art, Barbican, London
Summer Exhibition, kuratiert von / curated by Tracey Emin, Royal Academy, London
Gut of the Quantifier, Lisa Cooley Gallery, New York

2007
Fit to Print, Gagosian, Madison Avenue, New York
An Archaeology, 176 Project Space, London
Wir sind wieder wer, Kunstverein Harburger Bahnhof, Hamburg
Satellite Works, L'Œil de Poisson Gallery, Quebec

2006
The Highlights of the KunstFilmBiennale, KW, Berlin
Toutes Compositions Florales, Counter Gallery, London

2005

KunstFilmBiennale Koeln, Museum Ludwig, Köln / Cologne
Syncopations: British Art Now, Wetterling Gallery, Stockholm
Beck's Futures Film and Video, ICA, London
Beck's Futures Film and Video, CCA, Glasgow
Mobile, Fortescueavenue Gallery (Jonathan Viner), London

2004

Art School, Bloomberg Space, London

2003

Feine Ware, Kunstverein Harburger Bahnhof, Hamburg

2001

Videofilme von Künstlern, Kunsthalle Recklinghausen

2000

Schnitt 2000, Kunstverein für die Rheinlande und Westfalen, Düsseldorf

Performances

(Auswahl / selection)

2019

ERR OUT / Mimesis in Reverse II, Performer / performers: Tiziana Sertimer, Lukas Keller, Denis Cvetkovic, als Teil von / as part of *Hallo Hannah*, Shedhalle, Zürich
ERR OUT / Mimesis in Reverse, Performance gemeinsam mit / performed together with Tarren Johnson, als Teil von / as part of Miss Read mit / with Archive Books and *homecomings 1, 2, 3, etc.*, HKW (Haus der Kulturen der Welt), Berlin
ERR OUT / Mimesis in Reverse, Performance gemeinsam mit / performed together with Tarren Johnson, als Teil der Buchpräsentation / as part of the book launch *homecomings 1, 2, 3, etc.* mit / with Shane Anderson, Samuel Dowd, Susanne Kriemann und / and Cia Rinne, Changing Room, Berlin

2016

PageBrake, als Teil von / as part of ACTA (former Data Mining Kiosk) / *Exhibition in VII Parts*, nationalmuseum, Berlin
Tropical Picnic, mit / with Kirsten Palz, geschützte Grünanlage des Bundesnachrichtendienstes / protected green area of the Federal Intelligence Service, Berlin

2015

Protocol Slow Light, chapter I–V als Teil von / as part of Data Mining Kiosk, *Sculpture in four Parts*, mit / with Kirsten Palz, Grimmuseum Berlin
Architecture to be completed, als Teil von / as part of Data Mining Kiosk, *Sculpture in four Parts*, mit / with Kirsten Palz, Grimmuseum Berlin
Reverse Archeology, kuratiert von / curated by Yasmina Reggad und / and Alexandra MacGilp, Wüste von Ra's al-Chaima / desert of Ras Al Khaimah, Vereinigten Arabischen Emirate / United Arab Emirates

2014

Intercalation, Performance von / performed by Michael Burditt Norton als Teil von / as part of *homecomings 1, 2, 3, etc.*, Freiraum in der Box, Berlin

2013

Warum seid ihr mir gefolgt, Performance und künstlerischer Beitrag für den Katalog / performance and artistic contribution for the publication of *Eigensinn der Dinge*, KAI 10 / Arthena Foundation, Düsseldorf

2012

Reverse Archaeology/Horizon, als Teil von / as part of *A leopard cannot change its spots/sad lone scorpions can't get a path*, Reception, Berlin
PageBrake, als Teil von / as part of *Scrunity and Appeal*, West Germany, Berlin

2004

Pump Up The Volume, als Teil von / as part of *Art School*, Bloomberg Space, London

Kuratorische Arbeit und Kollaborationen / Curatorial Work and Collaborations

Tatiana Echeverri Fernandez organisiert regelmäßig Ausstellungen als Teil einer künstlerisch-kuratorischen Praxis, oft auch in Zusammenarbeit mit Künstlerkolleg*innen. Sie arbeitet seit 2013 mit Kirsten Palz als Künstlergruppe, unter dem Namen ACTA (ehemals Data Mining Kiosk) zusammen. Seit November 2018 leitet sie den Projektraum Changing Room, Berlin. Das Programm basiert auf interdisziplinären Projekten aus den Bereichen Soundart, Bewegung / Performance sowie Sprache / Stimme und bietet regelmäßig Gespräche und Deep Listening Sessions an. /

Tatiana Echeverri Fernandez organizes regular exhibitions with other artists as part of her ongoing artistic research. Since 2010, she has been working with Kirsten Palz on their mutual project ACTA (formerly Data Mining Kiosk). She has been running Changing Room, a project space whose focus is sound art, film, and performance, since November 2018. The programming consists of sound-based interdisciplinary art projects, including speech / voice and movement, and regularly offers talks, performances, and deep listening sessions.

www.changing-room.com

Weitere kuratorische Projekte / Additional Curatorial Projects

2015

Form and Seconds, Videoprogramm / video program, mit / with Bettina Buck, Beatriz Olabarrieta, Laure Prouvost, Grimmuseum, Berlin

2012

L'Objet, Videoprogramm / video program mit / with Jimmie Durham, Jacques Louis Nyst, Antje Majewsky, General Public, Berlin
Hotel Paravent mit / with Manon Bellet und Antonia Low, Tête, Berlin
Presence / Absence, Laure Prouvost, H. Lippard, Elly Clark, Adrian Lee, Kirsten Palz, Tête, Berlin
The Publishers Lunch Club, veranstaltet von / hosted by X Marks the Bökship, London

2010 bis / till 2012

Gerichtstrasse 52A, Projektraum / project space mit / with Jaro Straub, Berlin

2009

Fragmented series of movements — aspects of architecture through different modes of video making, mit / with Antje Majewsky / Juliane Solmsdorf, Amy Patton, Mario Pfeifer, Laure Prouvost, Samuel Dowd, Miriam Steinhauser, SE8, London
Table des Matières, mit / with Sofia Hultén, Heike Baranowsky, Carl Freedman Gallery, London

2008

Mittlere Körnung, mit / with Wolfgang Breuer, Thomas Humphreys, Karin Ruggaber, Carl Freedman Gallery, London

Werke in privaten und öffentlichen Sammlungen / Works in Private and Public Collections

(Auswahl / selection)

British Council Collection, Artist Pension Trust, Mario Testino Collection, Catherine Petitgas Collection, Wendy Fisher Collection, Tracey Emin Collection, Gaetano Maccaferri Collection, Zabludowicz Collection, Louise Clark, David James, Fabiana Vaselli

Weitere Informationen sind auf der Webseite der Künstlerin zu finden. / Further information is available on the artist's website.

www.bodyproxy.net

Die Publikation ist als Dokumentation und konzeptioneller Nachtrag zur Ausstellung *Bloodlines and Bones into Space* konzipiert, die vom 4. Februar bis zum 11. März 2017 bei MaRS in Los Angeles stattfand. Die Bilder zeigen die Ausstellung, ergänzt durch männliche Modelle, die das Originalwerk komplementieren und erweitern. Das dreimonatige Aufenthaltsstipendium in Los Angeles, die daraus resultierende Ausstellung und die anschließende Veröffentlichung wurden mit freundlicher Unterstützung der Berliner Senatsverwaltung für Kultur und Europa ermöglicht. /

The publication is conceived as a documentation of and conceptual addendum to the exhibition *Bloodlines and Bones into Space* presented at MaRS in Los Angeles from February 4 to March 11, 2017. The images show the installation augmented with male figures that both complement as well as expand on the original work. The Los Angeles three-month residency, the resulting exhibition, and subsequent publication were all made possible with the kind support of the Berlin Senate Department for Culture and Europe.

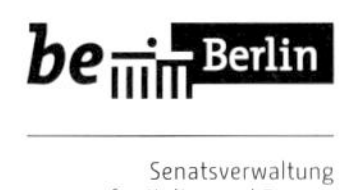

Senatsverwaltung
für Kultur und Europa

Texte / Texts:
Jan Tumlir, Jan Verwoert

Übersetzung / Translation:
Lewis Gropp (Jan Tumlir),
Erik Smith (Jan Verwoert),
Sam Dowd

Lektorat / Copy Editing:
Cassandra Edlefsen Lasch,
Julia Gwendolyn Schneider,
Sam Dowd

Gestaltung / Design:
Sandra Kastl

Fotonachweis / Photo Credits:
Vijat Mohindra (S. / pp. 9-11, 13, 16/17, 23 oben / top, 24, 27, 30-35, 52-55, 57-59, 82-87) und / and *Tatiana Echeverri Fernandez* (S. / pp. 4/5, 19, 23 unten / bottom, 28/29, 36-51, 60-63, 68, 71, 74, 77, 80/81)

Konzept und Fotos / Concept and images (S. / pp. 2/3, 14, 15, 20, 25, 26, 56, 88/89) von / by *Josh Paul Thomas* basierend auf einer Kollaboration mit / in collaboration with *Tatiana Echeverri Fernandez* bei / at MaRS, Los Angeles

Lithografie / Image Editing:
Carsten Eisfeld

Gesamtherstellung / Printing and Binding:
Druckhaus Köthen

© 2020 *Tatiana Echeverri Fernandez*, die Autoren / the authors, die Fotografen / the photographers und / and DISTANZ Verlag GmbH, Berlin;
Sandra Kastl © VG Bild-Kunst

Vertrieb / Distribution
edel Germany GmbH
www.edel.com
international-books@edel.com

ISBN 978—3—95476—306—1
Printed in Germany

Erschienen im / Published by
DISTANZ Verlag
www.distanz.de

Besonderen Dank an / Special thanks to *Jaro Straub, Anita* und / and *Frank Straub, Robert Zin Stark, Jan Verwoert, Jan Tumlir, Josh Paul Thomas, Vijat Mohindra, Kirsten Palz, Eleanor Brown* und / and *Klara Troost*